U0128035

山西文化之旅
——歷史地理篇

晉旅　主編

審　　訂：郭九靈等
本冊編寫：李　玉

在地球的東方，有一片神奇的土地，它頭枕長城、腳踏黃河，是中華文明的發祥地，中國上古聖賢堯舜禹皆生於斯長於斯成於斯，它的名字叫中國山西。

五千多年文明在這片十五點六七萬平方千米的土地上留下了輝煌燦爛的文化遺存。一個個王朝，一個個世紀，浩如煙海的歷史瑰寶層層疊疊，不落塵埃，交相閃耀在歷史的天空，讓人目不暇接。

或許是這片土地上的歷史太過悠長、太過厚重，即使是專業的歷史文化學者窮極經年亦難窺其萬一。

《山西文化之旅》的創意原始而又簡單，就是想在浩瀚的歷史時空中，擷取那些時光凝成的精華，把發生在這片土地上的最重大的歷史事件、最重要的歷史人物、最典型的歷史地理變遷和傳承至今的文化風物，用小故事的方式呈現給您，讓您在愉快的旅途中、茶餘飯後的閒適中、忙碌工作的餘暇中，輕鬆地了解中國山西、讀懂中國山西、愛上中國山西！

王一新

目錄

CONTENTS

寫在前面／王一新

雄都名城

地名淵源

名山大川

關隘津渡

寺院高塔

後記

雄都名城

太原

晉陽，晉陽，永不陷落

　　大唐開元年間，大詩人李白自東都洛陽來到太原，居住了幾個月，留下許多膾炙人口的詩文。其中在一篇文中，如此形容太原：「天王三京，北都居一。其風俗遠，蓋陶唐氏之人歟？襟四塞之要衝，控五原之都邑。雄藩劇鎮，非賢莫居。」一直到現在，所有描述太原的文字多不出這幾句話。到宋代，詞人沈唐更直接地說：「山光凝翠，川容如畫，名都自古并州。」而「自古」，古到什麼時候呢？二〇〇三年，太原市隆重紀念了建城二千五百周年。「太原」一詞在《尚書》中就有記載，「太原」意為廣大平緩的高地。大約在二千五百多年前的春秋末期，太原開始建城。那時，晉國國君的權力已經被趙、韓、魏、智、范、中行等六卿之家侵蝕殆盡，而六家也互相攻伐，為瓜分晉國的饕餮大餐做著最後的準備。就在此期間，趙氏的家主趙簡子，派遣家臣董安于在遠離晉國核心區域的太原地區，修築了一座城池，作為趙氏的根據地。因城池在晉水南畔（今太原晉源區），所以名為晉陽。

　　董安於築城，據說宮室以銅為柱，牆垣以荻蒿（一種堅韌的灌木，可高丈餘）為筋，這樣在被圍困時，可以就地取材，製作弓箭兵

器。這番心思沒有白費，在之後五十年裡，晉國諸卿兩次相爭，趙氏在不利的局面下，退守晉陽，任憑對方進攻、圍困，或者火燒、水淹，這座城池都有效地蔭庇了趙氏，為趙氏反敗為勝，以及三家分晉、成為諸侯奠定了基礎。

從那時候起，太原就以這種永不陷落的形象矗立在華夏的大地和歷史上，除非城裡的人主動放棄，否則任是名帥宿將，也難以被攻克。如兩晉時，作為嵌在遊牧民族統治區域下的晉王朝的一塊飛地，劉琨依然堅守了十年；如唐朝安史之亂時，李光弼率萬人守城，擊潰叛軍十萬人，取得安史之亂之後唐王朝的第一次重大勝利；如趙光義平北漢時，若非北漢國主主動投降，還不知道趙光義會在城下堆積多少人命⋯⋯

秦始皇統一天下後，設三十六郡，晉陽為太原郡郡治，這是作為一級行政區劃太原之名的開始。漢武帝設十三州刺史部，晉陽為并州刺史部治所，這是太原稱并州之始。再以後，南北朝時期，晉陽為霸府（藩王或權臣府屬），遙控京師。隋唐時，每與京師並稱，如唐之太原就是北都。五代末，太原是北漢國都，被趙光義所燒毀，宋將潘美於今太原市區重建了城池。到明代，出於鞏固邊防的需要，朱元璋封三子朱棡為晉王，擴建了太原城，成為九邊重鎮之首。近現代，太原的軍事意義日漸消失，作為全國主要能源和重化工業基地的地位日漸凸顯，尤其是在新中國成立後，為新中國的工業化進程做出了突出的貢獻。

大同

古人的夢想照進現實

　　山西第二大城市是大同。隋唐以前，大同並不叫大同，秦漢為雲中郡，北魏叫平城，且定都於此九十六年。那是大同歷史上最輝煌的時期。當時的北魏，基本統一了中國北方，疆域北至沙漠、河套，南至江淮，東至海，西至流沙。作為國都的平城，是北魏的政治、經濟、文化的中心，人口上百萬，在當時是世界上唯一具有如此規模的大都市。北魏孝文帝後來遷都洛陽，平城沉寂下來，並在西元六世紀初六鎮之亂中淪為廢墟。

　　隋朝統一天下，武功強盛的時候，在內蒙古烏拉特前旗上修建了大同城，距離現大同市有五百多千米。那兒還有條河叫大同川，也不知道是河以城為名，還是城因川得名。唐朝在此設置了大同軍節度使，後來將治所移到了現大同地區。這就是大同地名的由來。遼代建為西京，是陪都，並升為大同府。金沿襲。元明清三代不再為陪都，但依然還是第二等級的行政區劃，如清朝就管轄二州七縣，和現在差不多。

　　大同得名，有兩種說法。儒家重要典籍《禮記》〈禮運〉篇在「大

道之行也，天下為公」之後，描述了一個鰥寡孤獨皆有所養，人人友愛親睦，盜竊亂賊不作的美好社會，那是人類曾經歷過的黃金時代，也是古人夢想裡的天堂景象，「是謂之大同也」。不過，還有種說法，古人說「大同」，也有著用武力統一天下的意思。比如，北魏時任城王、尚書令元澄給皇帝上表，說「兼弱有徵，天與不遠，大同之機，宜須蓄備」，在邊境設城治軍。隋文帝楊堅這樣現實而又氣魄雄渾的帝王遂以「大同」為名，應該就是取的這個含義吧。

從史實看，也許第二種說法才是正解。處於農耕地區與遊牧地區交界的大同，一直以來就充滿了兵戈烽煙。兩千多年來，戰爭在任何一個王朝都司空見慣。那個黃金般的大同社會，在鐵騎和廝殺聲中，只能是古人的一個夢想而已。

戰爭，勢必帶來血淚和苦痛，但從大歷史的角度看，也是民族間交流的一種方式。更何況，農耕民族和遊牧民族間，也有過長時間的和平。大同，就是華夏各民族間互通有無、交匯融合的見證。

大同古城牆　劉玉軍／攝影

陽泉

中國共產黨創建第一城

　　一直到二十世紀四〇年代，陽泉還只是一個小山村。一九四七年四月，正太戰役後，陽泉地區回到人民手中。五月四日，晉察冀中央局決定組成陽泉市委、市政府。在全國解放戰爭的硝煙中，陽泉這個嶄新的城市誕生了，它是中國共產黨創建的第一個城市。

　　陽泉得名，是因為境內有五處泉水，常年蕩漾，被稱為「漾泉」，後轉音為「陽泉」。然而，陽泉知名，卻是因為煤和鐵。陽泉豐富的煤鐵資源，對於支撐全國解放戰爭和新中國成立後國民經濟的恢復和發展，發揮了重大的作用。所以，陽泉建市，正是基於能夠更好調控和整合資源的考慮。

　　陽泉建市，還緣於其特殊的地理位置。陽泉地處太行山中段西側，連接晉冀兩省以及山西通往華北平原的戰略通道，素有「山西東大門」之稱。正太戰役陽泉解放後，結束了晉察冀根據地和晉冀魯豫根據地被正太鐵路分割阻擋的歷史，兩大根據地通過陽泉這個天然的樞紐緊密地聯繫在一起。從此，西起山西榆次，東至渤海之濱的廣大地域，除去兩三個孤點之外，連成了一片，極大增強了中國共產黨領

導下的人民政府的實力，成為推進解放戰爭勝利的重要因素。

也有人說，內蒙古烏蘭浩特市創立時間比陽泉要更早一些。雖然，一九四七年五月一日，全國第一個少數民族自治政府內蒙古自治區政府就在王爺廟成立了，但當年十一月，王爺廟才改稱烏蘭浩特市，比陽泉還是要晚半年。

臨汾

中國最早在這裡

　　據山西學者考證，歷史上曾有十九個王朝或政權在省內建都，較為著名的，如太原，曾為戰國時的趙國、十六國時的前秦，以及五代時後漢的都城（作為陪都就更多了，如北齊之霸府，唐之北都）；如大同，為北魏都城九十六年，也是遼金的陪都，名「西京」。臨汾，也是古都之一。

　　臨汾，古稱平陽，傳說中，是帝堯的都城。帝堯將天下劃分為九州，最中為冀州，故稱「中國」，這是「中國」一詞的最早出處。作為堯都的平陽，正屬冀州之地，所以，我們可以說，最早的「中國」就在臨汾。

　　西元前五世紀，臨汾作為韓國都城凡三十八年；四世紀，又作為匈奴貴族劉淵建立的後漢國都十年。

　　如果再做一番探究，我們還可以說，最早的「山西」也在這裡。西周初年，周成王將自己的弟弟叔虞封在唐地。傳說叔虞的兒子燮父因為唐地有晉水，所以改國號為晉，這就是山西簡稱的由來。晉國的歷代國君都致力於開疆拓土，最後據有了大部山西之地，其國都雖幾

遷，但一直在臨汾的翼城、襄汾、侯馬一帶，足以說明臨汾是晉國的中心所在。以晉國為起點的今日山西省，追根溯源不就在臨汾嗎？

臨汾市內有堯廟，始建於西晉，距今已有一千七百多年歷史（今址是唐朝所建，距今一千三百多年），歷朝歷代最高規格的祭堯典禮都在這裡舉行。今天，這裡仍是海內外炎黃子孫共同紀念華夏文明開創者堯帝的地方。

說到祭祖，臨汾市的洪洞縣，是明朝大槐樹移民的聚集和出發地。而今，大槐樹移民後裔已經有數億人，每年尋根訪祖至洪洞的難以計數。臨汾，確實是中國的根祖之地啊。

平遙

誕生銀行鼻祖，奉獻世遺瑰寶

　　山西有三處世界文化遺產，分別是大同的雲岡石窟、忻州的五臺山（景觀），以及平遙古城。若說平遙古城能「古」到什麼時候，那甚至會追溯到上古時期。傳說中，此地名為古陶，亦名平陶，帝堯號陶唐氏，就因為最初封地在此（次封地在唐，在翼城附近，作者依此說）。而在戰國時期，平遙屬趙國所有，地處三晉中心，四通八達，所以被趙國稱為「中都」，與邯鄲、晉陽並列。北魏時期，為避太武帝拓跋燾名諱，改為「平遙」，沿用至今。

　　平遙成為世界文化遺產，是因為其最完整保存了中國明清時期的縣城原貌。那時期，也是平遙歷史上最輝煌的時候。當時晉商崛起，平遙作為晉商主要的發源地，一度發展成全國的商業金融中心。清朝道光年間，中國最早的金融機構「日昇昌」票號，就誕生在平遙，其分號遍布全國三十五個大中城市，業務遠至歐美、東南亞，是中國現代銀行的鼻祖。

　　隨著晉商的沒落，平遙城也沉寂下來，靜靜地度過了數十年時光。不曾想，因為沉寂而導致明清古城原貌得以留存的幸運，成為平

遙再創輝煌的起點。一九九七年，平遙古城被列入世界文化遺產名錄。古城城牆、店鋪、民宅、街道，這些寫滿滄桑的歷史遺跡一時炙手可熱，而國際平遙攝影大展的舉行，更讓傳統與現代、古老與時尚、歷史與藝術進行了一次無縫對接。

平遙，正用新的方式，講述自己的故事。

平遙古城墻　郭永懷／攝影

夏縣

中國第一個王朝建都地

上古三代聖王，堯都平陽，舜都蒲坂，禹都安邑。其中，安邑在今夏縣。運城市如今還有叫安邑的地方。北魏時，安邑縣被分為南北兩縣，南安邑即今運城市安邑街道辦事處，而北安邑則改名夏縣。之所以名為夏縣，是因為禹建都於此，同時，禹的兒子啟所建立的中國第一個王朝——夏朝，也建都於此。

但國內外學術界中一些學者，對所謂夏都，包括夏朝的存在，或者它是否已經進入文明社會，是持懷疑態度的。一九九六年，在多個學術領域的專家學者共同參與下，中國啟動了夏商周斷代工程，將夏、商、周三代的帝王世系基本梳理了一遍，最後確認夏朝始年是西元前二〇七〇年，但這個結果，在國際學術界依然存有爭議。因為他們所認可的標誌，必須像商朝一樣，有甲骨文那樣的實物為證。

從二十世紀五〇年代起，河南二里頭文化遺址的發現，逐漸解開了疑問。

二里頭文化普遍被認為是中國青銅時代早期文化，斷代在西元前二十一世紀到前十五世紀。遺址有上百處，其中一個主要類型為夏縣

東下馮遺址，出土過各種骨、陶、石、銅等生產、生活工具和兵器，以及房屋、窯洞、城牆和不同等級的墓葬遺跡，這些都表明國家已具雛形。然而，若是沒有文字，外國專家還是不承認夏朝存在。

　　一種通達的觀點認為，既然《荷馬史詩》都能夠被作為信史，那麼夏朝的存在其實並不是問題，反正我們述說中國歷史，總要從黃帝炎帝、堯舜禹湯開始講起，夏縣是中國第一個王朝建都地的說法，也流傳了幾千年。

永濟

大唐蒲州，中都雄城

　　永濟是運城市下屬的一個縣級市，清朝雍正年間才設的建制，以境內初建於北周年代的永濟渠而得名，現在有「中國特色魅力城市」、「中國十佳投資環境城市」和「一生要去的六十六個旅遊文化大縣」等榮譽稱號，但這些榮譽，依然不足以概括它輝煌的歷史。

　　在雍正以前，永濟所轄區域有一個更響亮的名字──蒲州。蒲州古稱蒲坂，是傳說中的舜帝的都城。西漢置蒲反縣，東漢稱蒲坂縣（古代「反」通「坂」），北周置蒲州。後世名字與轄區多有改易，但無論怎麼變，蒲州，一直是河東地區政治、文化、經濟的中心，而河東地區，是中華民族的發祥地之一。所以，司馬遷說，蒲州是「天下之中」。

　　蒲州最鼎盛的年代在唐朝。唐太宗貞觀年間分置天下十道，蒲州為河東道治所。唐玄宗開元年間，與陝、鄭、汴、懷、絳並稱「天下六大雄城」，並改蒲州為河中府，升為中都，與西都長安、東都洛陽、北都太原並列。這時的蒲州，背倚中條山，面臨黃河，居山川要會，扼秦晉咽喉，據三晉而拱衛京師，聯中原而俯瞰天下，在大唐帝

國的版圖上，是最為顯赫的城市之一。今天永濟市內的鸛雀樓、黃河大鐵牛等，都是那段輝煌歷史遺留的零散細節而已。

因為蒲州的地理形勢，在大唐兩百多年的歷史上，和平時期，蒲州是大唐的物資轉運站，晉糧、潞鹽、河東煤都源源不斷地從這裡出發接濟天下；戰亂時期，佔據了蒲州，基本上就佔據了戰略優勢，進可攻、退可守，進足以經略中原，退也可保有三晉。所以，安史之亂時，唐王朝北方大半疆土都被叛軍佔領，唯一沒有放棄的只有蒲州；五代時，佔據了河東的軍閥們，基本上都可以過一把皇帝癮。

民國時期，蒲州被裁撤，這個偉大城市的名字就此消失在歷史煙雲中。

地名淵源

山西・河東

忽東忽西有講究

　　山西，又稱河東。為何叫山西，為何稱河東，山西人都能說得上來，因為山西在太行山以西，又在黃河以東。簡單來說雖然是這樣，不過細究起來，講究可多著呢。

　　用東、西來確定方位，首先要確定「中」在哪裡。歷史上的「中」，當然不全是個地理方位的概念，必然有政治因素在裡面。在古人的思維裡，帝王所居，京師所在，就是天下的中心。所以山西地區在古代王朝的版圖中，在不同的歷史時期，才有了忽東忽西的稱謂。

　　比如說先秦時期，「山西」並不是指現在的山西。那時候的山西之「山」，出現在文獻裡，大多是說崤山，以這座山為界，將秦國和晉齊楚等國分開。《漢書》〈趙充國傳〉裡有一句話，「秦漢以來，山東出相，山西出將」，依然沿用著先秦的習慣說法。

　　秦漢時期，秦定都咸陽，漢定都長安，王朝的政治中心設在了中國西北，秦在山西地區設立三個郡，河東、太原、上黨。這是「河東」第一次出現在歷史中。當時的河東郡，在運城、臨汾一帶，所以

今日的運城，也稱為河東。

唐朝的都城是長安，那時的行政區劃，是道、州、縣三級，不管是貞觀年間的十道，還是開元年間的十五道，山西地區都屬於河東道管轄，這也是山西又稱河東的由來。宋朝的行政區劃，改道為路，山西地區稱河東路。

元明清三代，都城都在北京，以此為中心看，山西地區正在太行山以西。元代行政區劃，為行中書省、路、府（州）、縣四級，山西地區因靠近京畿，稱為「腹裏」，為中書省直接管轄。在明朝，行政區劃為兩京十三布政司，沿用元朝的說法，俗稱省，在山西地區為山西布政使司、山西省。山西作為一級行政區劃的地名終於出現了。清朝繼續沿用。

山西‧河東　梁達／攝影

因此，顧炎武就說：「河東、山西一地也，唐之京師在關中，而其東則河，故謂之河東；元之京師在薊門，而其西則山，故謂之山西，各自其畿甸之所近而言之也。」

靈丘

趙武靈王陵寢所在

靈丘位於大同市東南，西漢初年就有了縣治，得名卻是早在戰國時期。靈丘之「靈」，取自趙國君主趙雍的諡號「武靈王」。「丘」，是墳墓、陵寢的意思，「靈丘」意即趙武靈王的陵墓所在。

趙武靈王是一位雄才大略的君主，他推行的「胡服騎射」，不僅大大增強了趙國的軍事實力，使之成為足以與秦國爭雄的強國，也是中國軍事史上一次重要變革，農耕民族擁有了自己的騎兵戰術，車兵此後漸漸退出戰場。梁啟超將其比作俄國十七世紀的彼得大帝，認為是「黃帝之後第一偉人」。

趙武靈王由於在繼承人的選擇上猶豫不決，最後在兩個公子相爭中被活活餓死在沙丘宮，地方在今河北省平鄉縣。趙武靈王本來想把自己陵墓選在平鄉縣，但最後為什麼千里之外的靈丘卻以趙武靈王陵墓所在地知名呢？

史學家推測，趙武靈王的死，對當時的趙國是件難以宣揚的惡劣事件，為儘快消除政治影響，就選擇了遙遠的靈丘作為葬址。也有可能，靈丘趙武靈王墓實際上是衣冠塚，那兒在當時是趙國邊境，是趙

武靈王開疆拓土的成果，當地軍民為紀念這位偉大的君主，才設置了衣冠塚。但在舉國沉默的背景下，這座衣冠塚反而更加有名，於是有了靈丘之名。

如今在靈丘縣內的趙武靈王墓，占地近萬平方米，格局宏偉，無論從形制，還是規格都是戰國王侯陵墓的標準。兩千多年後，無論它是或不是真正的趙武靈王墓，都已經顯得不那麼重要，重要的是，那些為歷史做出貢獻的英雄，將會長久地活在人們心中。

朔州

拉開漢匈戰爭帷幕的地方

朔，在古代漢語中，既可能是指每月初一，也可能是指北方。在地名中，自然是方位名詞更準確一些，比如山西省的朔州。朔州，一九八九年才成為市級行政區劃，在山西算是個年輕的城市。然而，說年輕也不年輕，早在北齊時，朔州就已經是第二級的行政區劃了。

在歷史上，朔州還有一個更有名更重要的名字——馬邑，看上去比朔州還要普通，但了解歷史的人，都知道它意味著什麼。

秦王朝建立後，秦始皇派大將蒙恬北擊匈奴，取得了「胡人不敢南下牧馬」的重大戰果。而之所以能在與匈奴人的戰爭中獲得勝利，是因為秦王朝的騎兵抵消了匈奴人天然的「彎弓走馬，賓士如飛」的優勢。發展騎兵當然得有馬，馬邑，就是當初蒙恬築城養馬的地方。可以說，此地正是秦王朝和匈奴對抗的戰略支點。

秦漢易代，中原大亂，匈奴得到喘息的機會，又發展起來，而漢朝，卻因為長久的戰亂喪失了抵抗匈奴南下的實力。漢朝初年，連漢高祖劉邦都遭受過白登之圍、被迫和親的恥辱。經過漢初幾十年的休養生息，到漢武帝時，終於積累起解決北方邊境威脅的實力，而之後

發生在漢匈之間六十多年的戰爭，起點，就在馬邑。

當時漢武帝已決心與匈奴開戰。正好匈奴前來求和親，大商人聶壹就建議趁這個機會將匈奴引進來，然後在馬邑埋伏，打一場殲滅戰，誘敵之計有可能成功。但是匈奴的軍臣單于卻從俘虜的漢朝尉史嘴裡得到了這個計畫，馬邑之謀失敗。但也從此開始，漢帝國放棄了和親政策，漢匈大規模的戰爭就此拉開序幕。

懷仁

惺惺相惜背後的暗黑歷史

懷仁在山西北部，現屬朔州市，北距大同市四十千米。相比於那些產生自戰國、西漢的地名，懷仁得名要晚得多，大約在遼代初期，而談起淵源，不能不提及兩位英雄的相交。

唐末，沙陀人李克用在群雄混戰中崛起，佔據了今天山西大部分地區，並有著復興大唐的願望。與之同時，契丹族也出現了一位大英雄耶律阿保機，後來，他統一了契丹諸部，並建立政權。

當時，李克用的主要敵人是篡唐且建立後梁的朱溫和背叛他的幽州節度使劉仁恭，耶律阿保機則想奪取幽州（今北京），建立南下中原的通道。所以，有著共同敵人的他們決定聯盟。九〇五年和九〇七年，兩人兩次會盟，約為兄弟。會盟的地方，在雲州（今大同）東城，即今天的懷仁。

會盟的結果，雖然李克用穩定了自己的後路，可以專心攻伐朱、劉，為後唐取代後梁奠定條件，但更大的好處卻為阿保機獲得。會盟不僅提高了他個人的聲望，增強了他的政治實力，使之有了插手中原事務的資格。後來，阿保機同時和李克用、朱溫周旋，兩面要價，不

斷地蠶食幽州，為最後遼吞併幽雲十六州埋下伏筆，這讓李克用非常憤怒。他於九〇八年去世時，給兒子李存勖留下象徵三個遺恨的三支箭，第二支箭就說到了阿保機：我曾和阿保機結盟，約為兄弟，不想他轉頭就歸附了我的仇人，此仇不可不報。

九〇七年，阿保機稱帝，建立契丹國。也許，在之後的某一年，他巡行至和李克用會盟的地方，想起了這件往事。勝利者的心態往往是寬容的，作為一代梟雄，想起了和另一個英雄、他的盟友、結義兄弟李克用的友誼，於是，就將會盟的地方改為「懷仁」，懷想仁人。當然，他給他兄弟李克用造成的傷害，以及李克用的遺願，誰也不會再提了。

如今懷仁縣迎賓廣場上，矗立李克用和阿保機的漢白玉雕塑，兩人一手舉杯，一手相握。雕塑也許再現了他們盟誓的場景，但卻無法表現背後那些暗黑的歷史。

忻州

漢高祖一高興，起個地名叫忻州

忻，這個字同「欣」，開心、高興的意思，在現代漢語中被「欣」代替，現在所見，往往成了地名或姓氏的特指。

忻州成為一級行政區劃是隋文帝開皇年間，再以後忽廢忽置。清世宗雍正年間升為直隸州，下轄數縣。民國時期，雖然又降成縣，不過在一九八三年又升格成地級市，一直到現在。

忻州得名是因為當時境內有條河叫忻水，有個關口也叫忻川口，現在忻州市北還有個村叫忻口村。至於為什麼叫忻水、忻川口，就要上溯到漢朝初年了。

漢朝初年，高祖劉邦率領三十萬人馬去和匈奴作戰，輕敵冒進，被冒頓單于圍困在大同白登山，這就是著名的「白登之圍」。陳平獻「空頭美人計」——畫了幅美人圖給冒頓單于的閼氏，說要不放我們，我們就給單于獻上美人讓你失寵——走通了夫人路線，才得以解圍。脫困後劉邦歸心似箭，從大同一路往南跑，到了忻口這地方，覺得終於脫險了，這才展開愁顏，《魏氏土地記》記載：「六軍忻慶，舉口而笑，故謂之忻口。」

忻州還有個美麗的名字叫「秀容」，隋朝以前就有了，北魏時曾設秀容郡、秀容縣。有人說，秀容這名字和漢趙皇帝劉淵有關係。劉淵「感神而生」「姿容秀美」，人們就把他出生的地方稱為「秀容」。也有人說，和北魏末年權臣爾朱榮有關係。不過，爾朱榮雖然是個大帥哥，史書上說「潔白，美容貌」，但同時也說他是「北秀容人」，說明這個地名早就有了。

定襄

城址幾易，名字不改

　　定襄是忻州的一個縣，歷史悠久，大概建於東漢建安末年。但是，如果查一查關於定襄的歷史沿革，你就知道，很多城池都曾以定襄為名。定襄，可真是個難以捨棄的好名字。

　　西漢時期，就設立了定襄郡，城址在今天內蒙古自治區和林格爾盟西南土城子。東漢初，這座縣城移到了今天山西右玉縣，一直到東漢建安末年被廢。今日忻州的定襄，建於東漢建安末年，而東漢初那座在右玉附近的定襄縣被廢於同一時期，這並不是一個巧合。

　　當時亂世已經開始，帝國對於疆域的控制已經不像從前那樣得心應手，不得不將城池向內地南移重建。不過，依然以「定襄」為名，可能是不想忘記祖先開疆拓土、馳騁草原的榮光，雖然它根本沒有實力再那樣做，命名只是出於一種虛榮，或是願望。

　　不過，這僅僅是開始，持續幾個世紀的內亂使中原王朝無暇顧及邊疆，曾被阻隔在大漠草原上的遊牧民族一度南下侵襲，史稱「五胡亂華」。

大唐盛世來臨後，中原帝國的雄心再一次在草原上得以展現。貞觀三年（629），名將李靖擔任定襄道行軍大總管，夜襲陰山突厥王帳，俘虜了突厥首領頡利可汗，平定了東突厥。十一年後，在今天大同市西北重建了定襄城。時隔幾百年後，定襄終於又出現在草原邊緣。史書中說，大唐「斥境至大漠矣」，但遺憾的是，沒過幾十年，定襄被新的突厥首領默啜所破，悄無聲息地，這座城又退回到忻州今址。

定，平定；襄，完成。定襄，真是一個難以捨棄的好名字。無論形勢怎麼樣，中原王朝都會用這個名字提醒自己，別忘記祖先的烈烈武功，別放棄塞外的煌煌疆土。

呂梁

山西最年輕的市名字最古

呂梁，二〇〇三年撤銷行署建制，成立呂梁市人民政府，成為山西最年輕的地級市。但如果說起這個名字，卻很有可能是最古老的。呂梁得名源自呂梁山，因為呂梁山脈由北至南橫貫全境。作為山西的主要山脈，呂梁山脈某種程度上可以說是山西的一個象徵。二十世紀五〇年代歌唱家郭蘭英唱道：「人說山西好風光，地肥水美五穀香。左手一指太行山，右手一指是呂梁。」呂梁，這個名字和那條雄渾的山脈，千萬年來一直在於人們的眼中心底，成為和天空大地、日月星辰一樣熟稔而沉默的存在，導致很少有人會問呂梁為何被稱為呂梁。

呂梁山脈　劉建國／攝影

呂，本義是骨頭，且是脊骨；梁的意思本來是橋梁，後來也引申為物體或人體上拱起成為弧形的部分，於是就有了脊梁或是山梁的說法。遙想古人當年，睜開眼睛看世界，當他們看見連綿起伏的群山，要為它命名的時候，勢必沒有後來那麼多的講究，自然而然，會選擇身邊最熟悉的事物來稱呼它。橫亙在大地上的這座山，好像一隻史前巨獸的骸骨，於是被他們稱為「呂梁山」，也叫「脊骨山」。

　　千萬年來，人類在呂梁山繁衍生息，依靠大山的出產生存，也受著大山的庇護。直到二十世紀，日寇侵我中華，中國共產黨領導的抗日軍民，正是依託著這座大山，建立了晉綏根據地，譜寫了可歌可泣的民族史詩。著名作家馬烽、西戎先生以此題材創作了長篇小說《呂梁英雄傳》，這是中國第一部反映中國共產黨領導的全民族抵禦日本侵略者的長篇小說。

婁煩

一個悍勇民族的最後餘緒

婁煩縣在今太原市西北部。婁煩即樓煩。據說，新中國成立伊始，工作人員將當地群眾的簡寫「婁煩」當作標準地名上報，錯誤沿襲至今。

事實上，樓煩是個古代北方一個部落國家的名稱，地域大致在北至呼和浩特，南至太原、晉中一帶。有種說法認為樓煩是戎狄的一支，也有種說法認為樓煩是西周初年分封的一個諸侯國。無論是哪種說法，樓煩人久在邊地草原，性情悍勇，精於騎射，在後世，甚至一直被當作精兵強將的代稱。李白詩中就寫過「結交樓煩將，侍從羽林兒」。

戰國時期，趙武靈王推行胡服騎射運動，借鑑遊牧民族的戰法，借鑑的主要對象，就有樓煩人。而樓煩，當時是趙國面臨的主要威脅。經過胡服騎射後的趙國實力壯大，攻破了林胡和樓煩。不過，對樓煩所採取的戰略，卻是將勇敢善戰的樓煩人吸納進趙國的軍事系統，使得趙國的軍事實力進一步增強。樓煩王則率領不願意歸附的部民北遷，在趙國和匈奴的夾縫中艱難生存。心有不甘的樓煩王後來與

中山國相約攻趙，被趙武靈王所殺。

樓煩國被攻破後，樓煩族並未消失，他們的善戰之名，被整個中國所傳頌。秦末，楚漢相爭之時，兩軍中都有樓煩人，雙方的統帥不約而同都為樓煩人專設一軍，首領稱「樓煩將」，久而久之，「樓煩將」逐漸成為猛將的一種專稱。

當時樓煩族人大多居住於河套以南，長城以北，一直到漢初衛青北擊匈奴，平定了這一帶，設置了朔方郡，從此開始，樓煩族才消失在茫茫大草原。到今天，只剩下一個似是而非的名字，作為這個悍勇民族曾經存在的最後標誌。

孝義

割肉奉親，孝行傳天下

在中國傳統道德語境下，孝是一種特別值得稱道的品質，凌駕於一切善行之上。特意闡釋孝道的《孝經》，是古代中國最重要的經典之一，而圖解孝道的「二十四孝圖」，甚至成為兒童的啟蒙讀物。

在二十四孝中，有則故事叫「割股療親」——母親病了，兒子割下自己大腿的肉，和在湯藥裡給母親吃。在古人的觀念裡，人肉是味藥，尤其是親人的肉，更是神藥，為親長損傷自己身體，更能得到上天的垂憐。現在看來，這是一種陳腐、落後的觀念，但是古人卻深信不疑。

孝義，這個地名的由來，就是這種觀念映照下的產物。孝義原名為永安，唐朝貞觀年間，唐太宗李世民嫌這個地名和涪州的永安縣（今重慶市奉節縣）重名，就琢磨改名。恰在當時，孝義發生了一件事，當地有個叫鄭興的人，家貧，老母親想吃肉都難，鄭興就割下自己大腿的肉以為奉養。這件事傳遍朝野，於是李世民下詔，將永安改為「孝義」以為表彰。

孝義市現在將孝文化作為自己的名片以及重要的歷史文化資源，

對於孝行的表彰、孝道的提倡當然是好的，但那些落後於時代，違反人性的內容恐怕應該首先摒棄。

左權

八路軍副參謀長犧牲地

　　作為第二次世界大戰的一部分，中國的抗日戰爭持續時間最長，付出的代價也最為沉痛。中華民族難以計數的優秀兒女殉身於那場戰爭，我們會永遠銘記他們的功勳。

　　新中國成立前，以抗日將領、官員命名的縣、市約有三十個，目前尚餘四個，即以東北抗聯第一路軍總指揮楊靖宇將軍的名字命名的靖宇縣，以東北抗聯第二路軍副總指揮趙尚志將軍的名字命名的尚志市，以中共冀魯豫軍區司令員黃驊將軍命名的黃驊市和山西省為紀念八路軍副參謀長左權將軍殉國而易名的左權縣。

　　左權將軍是湖南省醴陵人，生於一九〇五年，黃埔軍校一期學生，後赴蘇聯，就讀於莫斯科中山大學、伏龍芝軍事學院。一九三〇年回國，全面抗日戰爭爆發前，擔任紅一軍團代理軍團長。國共第二次合作，紅軍改編為八路軍後，左權擔任八路軍副參謀長、八路軍前方總部參謀長，為創建並鞏固華北抗日根據地，發展壯大人民抗日武裝，以及八路軍的全面建設，建立了不朽的功勳，被認為是「有理論修養同時有實踐經驗的軍事家」。一九四二年五月二十五日，日寇對

太行根據地進行大掃蕩，左權在山西省遼縣麻田指揮部隊掩護中共中央北方局和八路軍總部等機關突圍轉移時，不幸在戰鬥中犧牲，年僅三十七歲。

左權是八路軍在抗日戰場上犧牲的最高級別指揮員，為紀念左權，晉冀魯豫邊區政府決定將遼縣改名為左權縣。他的故鄉湖南醴陵市也有以其名字命名的城區大道。

在山西，曾經還有一個縣以抗日英烈命名。一九四一年五月，國民革命軍九十八軍軍長武士敏將軍在沁水縣（當時為端氏縣）犧牲，晉冀魯豫邊區政府於是將端氏縣改名為士敏縣。一九四七年，又和沁水縣合併。

左權將軍紀念碑　楊瑾／攝影

靈石

隋文帝迷信祥瑞，挖出隕石建新城

　　雖然說世界各國的歷史都無非是王侯將相打打殺殺那些事，但就中國歷史而言，有一樣事物是其他國家絕對沒有的，那就是祥瑞。

　　祥瑞，可以簡單地理解為象徵吉祥的一些徵兆。吉兆，其他國家也講，但沒有任何一個國家講得比中國更系統、更神秘、更玄虛。由天人感應以及陰陽五行等諸多哲學觀念支配下產生的祥瑞，在中國古代特別流行。多頭的麥穗、得了白化病的烏鴉、冬天開放的花朵，甚至於一些奇奇怪怪的石頭，都會被地方官員隆重地上報，作為皇帝天命所歸、帝國四海昇平的象徵和體現。基本上，智力正常的皇帝都不相信這些東西，但沒有一個皇帝會真心反對官員拿祥瑞討好自己。歷史上也留下了許多祥瑞的痕跡，讓我們今天的人可以看到，在古代，大家是如何一起完成一個所有人其實並不相信的遊戲。

　　山西省有個靈石縣，它的得名就與祥瑞有關。據說隋朝開皇十年（590），隋文帝楊堅由長安至河東巡幸，到介休縣時，當地百姓為迎接他清理河道時，挖出一塊隕石，像鐵又不是鐵，黑黑的發著微光，上面隱隱約約還有四個字：「大道永吉」。地方官一見大喜，立刻把

它當作了不得的祥瑞上報了隋文帝。隋文帝也很高興，認為這是上天給他的表彰，預示著他的帝國將興盛綿延。於是，立刻從介休縣分割出一塊來，設了一個新縣，就叫靈石縣。

我們知道，隋朝是個短命的王朝，總共不到四十年，祥瑞的虛妄和虛幻就是這樣。倒是那塊石頭，至今還保存在靈石縣的一個公園裡。

平定

趙光義攻北漢，討了個好口彩

歌唱家郭蘭英唱過一首介紹山西地方特產的《誇土產》，膾炙人口，其中有一句是「平定的砂鍋（兀家）亮晶晶」平定砂鍋，光聽聽這名字，就覺得結實、放心，可見一個地名能有好口彩是多麼重要。一千多年前，給它命名的宋朝皇帝趙光義也是這麼想的。

平定境內設縣最早在西漢時期，名為上艾，後來改為石艾，後來又改回去，唐朝時又改為廣陽。廣陽雖然比上艾、石艾好聽一點，但也沒啥特色，叫成「平定」這樣的好名字，要到北宋初年了。

五代末年，廣陽被北漢所佔據。有著「臥榻之側，豈容他人酣睡」想法的宋朝皇帝，決心統一中原。宋太宗趙光義繼承了他哥哥宋太祖趙匡胤的遺志，開始征討北漢。第一戰，就是攻下由冀入晉的大門廣陽縣。首戰告捷，旗開得勝，志得意滿的趙光義認為他平定北漢一定會非常順利，於是就將廣陽改名為「平定」。

攻下廣陽後，宋軍長驅直上，很快包圍了太原，雖然並沒有直接攻下，但在壓力之下，北漢國主劉繼元出城投降，北漢滅亡。這段時間並不長，過程也確實沒有太大波折，平定這個名字取得果然很有

用。趙光義嘗到了甜頭，於是將太原改名為平晉。然而，這種事總是可一不可再的。北宋雖然將北漢的國土收入版圖，但因為趙光義把北方雄城太原摧毀了，導致北宋失去了邊疆的重要屏障，在百年間，晉地未嘗有一日平安。看來，名字好還是比不上實力強啊。

盂縣

智伯的禮物不是那麼好拿

　　盂縣在山西省東部，現隸屬陽泉市。其得名乃是因為此地本為春秋時期晉國大夫盂丙的封地。盂丙此人，在歷史上並不著名，事蹟也難考證，史籍略有記載的是，他的封地，本來是那位「內舉不避親，外舉不避仇」的祁奚所有，但祁奚孫子犯法，封地被收回，一分為六，其中一份就給了盂丙，就是如今盂縣的一部分。基本的史料就這麼多，留下巨大的空白，我們可以腹黑地猜測一下，盂丙在這件事中充當了什麼角色、發揮了什麼作用，才在祁奚領地被瓜分事件中獲取了巨大利益呢？

　　歷史不能假設，猜測也僅僅能滿足我們對歷史的一些惡趣味，還是回到那些確定的事實上吧。盂丙的封地不過是今日盂縣的一部分，另一部分卻為一個古老的部落國家所有，仇猶──這也成為盂縣古稱的由來。仇猶是北方少數民族狄人的一支，以遊牧為生，精於騎射，喜歡穿帶有銀飾的衣物。仇猶人建立的國家與晉國為鄰，關係時好時壞。好的時候，晉國國君常與之聯姻，晉文公重耳的母親就是仇猶公主；壞的時候和晉國作對，比如故意窩藏晉國的罪犯，傳說趙氏孤兒就是這樣被藏下的；更壞的時候，就要打仗，仇猶國常聯合秦國攻打

晉國（當然也免不了聯合晉國攻打秦國），或者像無數北方少數民族做的那樣，侵犯晉國邊疆，擄掠人口等等；極壞的時候，就是傾國之戰了。

春秋末年晉國權臣智伯當政的時候，因為要向中原發展，所以首先就是要解除北方的後顧之憂。智伯想了一個辦法，說要送給仇猶一口大鐘，特別精美，但分量特別沉重，需要仇猶人修築一條寬闊平整的道路。仇猶國國君竟然答應了。於是晉國的大軍隨著送禮物的隊伍進來了，輕鬆滅了仇猶國。很奇怪，也許是中國的陰謀故事太多了，這個故事竟然沒有流傳開，不然，「智伯的大鐘」應該和「特洛伊木馬」一樣，成為有關於包藏禍心的禮物的典故。

順便說一句，利用禮物滅國是晉國一個傳統，他們滅虞國也是用寶馬、美玉敲開了虞國大門。留下了假虞滅虢和唇亡齒寒兩個成語。

盂縣　梁銘／攝影

黎城

炎帝和堯帝後裔所建古國

長治市的黎城縣，最有名的特產是黎侯布虎，國家級非物質文化遺產，也是一個古老國家最後且唯一的遺存。那個國家，叫黎國。

關於黎國的資料少得可憐。我們只能知道，它是商朝的附庸國，後來被周文王所滅。上古的歷史典籍《尚書》裡有一篇叫〈西伯戡黎〉，但與黎國並無太多關係。只是說周文王滅了黎國之後，商紂王忠心的臣子勸誡他不要再淫蕩嬉戲，要注意上天的警示，否則很有可能被周所滅。遺憾的是，紂王沒聽。

武王伐商之後，又重建了黎國，將帝堯後裔封於此處，為侯爵。但原先的黎國卻是炎帝後裔，是九黎部落的一支，二者並無太深的關係。春秋時期，禮崩樂壞，諸侯國彼此征伐不休，大國不斷吞併小國，黎國先為潞子國所滅，在晉國的幫助下才得以苟延殘喘，但旋而為晉國所吞併。

不過黎國到底是商朝黎國的孑遺，還是周朝黎國的留存？兩三千年後，並無可靠的證據來判斷。作為炎帝的後裔，他們源自祖先的尚武的精神融刻在血脈裡，並通過虎這樣一種威武的動物得以展現。

一九九八年農曆虎年，黎侯布虎被郵政部定為當年的生肖郵票，一舉聞名；二〇〇八年，黎侯布虎又被確定為北京奧運會民間工藝展示品，全世界的來賓由此知道了這個遙遠的神秘國家的存在。

襄垣

趙襄子修築的城池

　　三家分晉是中國歷史上一個非常重大的事件，它讓周天子的威望掃地，表明從此諸侯的確立再無須經過周天子首肯，禮崩樂壞的時代真正來臨了。在這其中，有兩座城的修築卡到了關鍵的時間點上。一座是晉陽城（今太原），晉國的正卿、趙氏的家主趙簡子所築，憑藉晉陽城，趙氏獲得了與列卿相爭的可靠戰略據點。另一座是襄垣城，趙簡子的繼承人趙襄子所築，沒有人特別關注過他，就好像沒有人特意關注趙襄子一樣。

　　當時，晉國最有權勢的智家已經被韓趙魏三家聯合所攻破，智家族長智伯的頭顱甚至都變成了趙襄子的酒器，所有的威脅都已經消除，包括周天子和晉國國君都不再成為三家登上諸侯之位的阻礙。就在這時，趙襄子修築了襄垣。

　　三家分晉之後，襄垣成為韓國的領地，並成為其上黨郡郡治所在。所以很難理解趙襄子為什麼要修築一座可能會屬於別人的城池，而且他的後人在他死後以他的諡號為名。

　　合理的猜測是，也許襄垣是趙襄子為自己準備的都城，或像晉陽

那樣的據點。襄垣居於一個盆地之中，四面環山，但並非不可逾越，攻守相宜，相對當時晉陽的偏僻，趙襄子想有一座更容易控制晉東南地區的城池，於是選擇了襄垣。

後來形勢變化，趙氏選擇了邯鄲作為自己新諸侯國的都城，襄垣成為一個陳舊的記憶，表明趙襄子當年那種想開拓又想守成，想冒險又怕失敗的猶豫心理，和史書中記載的他隱忍且喜歡謀定後動的性格是一致的。

曲沃

靠行賄也能當國君

春秋時期晉國的都城有好幾處，有唐（今翼城西）、絳（今翼城東南）、新絳（今侯馬新田）等，曲沃（故城在今縣城西南一千米處），在晉獻公時期成為晉國的別都，但地位不比前三者輕。

曲沃，因境內有沃水瀠洄而得名。大約在西元前八世紀末，晉昭侯將他的叔叔桓叔封在曲沃，人稱曲沃桓叔。桓叔之後是莊伯，莊伯之後是武公。這期間，晉國也已經歷昭侯、孝侯、鄂侯三世，到了哀侯時代。推算一下，武公和哀侯的爺爺孝侯無非才是堂兄弟，血緣上遠了好多，隨著自己實力的壯大，武公就有了代晉自立的心思，因為，即使血緣再近，有國君寶座的誘惑，該搶也是要搶的。

哀侯即位第八年，晉國要攻佔一個小城邑，叫陘廷。陘廷人就聯合武公反過來攻打晉國，在隨後的戰役裡俘虜了晉哀侯且稍後就殺了。晉國人馬上立了哀侯的兒子為國君。想來事發倉促，哀侯兒子還沒成人，連個正式名字也沒有，史稱晉小子侯。過了四年，不知武公想了什麼主意，竟把小子侯騙來殺了。連殺兩代國君，明顯與「禮樂征伐自天子出」的傳統習慣不符，周天子桓王很不高興，派虢國國君

攻打武公。周天子的面子總是要給的，武公就退回曲沃。晉國人又立了哀侯的弟弟為國君，史稱晉侯緡。二十七年後，武公又攻打晉侯緡。老辦法，抓來殺掉。可是，他抓一個殺一個，晉國馬上就會立一個，啥時是個頭啊？怎麼辦？

也許就是在這二十七年裡，他想明白了：他實力不缺，地盤不缺，無非缺個大義名分，這東西，他沒有，但周天子有啊。當時派虢國攻打武公的周恆王早死了，是他孫子周僖王在位。那時候，早沒人把周天子當回事了，虛有個天下共主的名頭。武公就把得來的戰利品挑好的送了許多給僖王。僖王發現他手裡的這些大義名分能換錢，很高興，便封武公為晉侯，接管晉國的所有土地。曲沃武公終於成了晉武公。

曲沃四牌樓　梁銘／攝影

武公完成夙願後一年後就死了，他兒子獻公即位。他從父親代晉自立的事兒想到，萬一別人也要這麼做就糟了。於是一不做，二不做，將他的叔伯兄弟、堂兄弟全殺了。這就是下一個故事了。

翼城

晉國公子血染城垣

　　在先秦時期，說到公子，並不意味著你能看到一個年少多金、風流倜儻的貴家子弟，他是諸侯兒子的專用稱呼——如果是孫子，就稱公孫。因為父親的顯赫，他們先天地就在政壇上擁有很強的勢力，如此，會對國君產生或隱或顯的威脅。春秋時期，諸侯們一邊在表面對周天子——那位名義上的天下共主尊敬和順從，另一邊，卻開始像後世的皇帝們一樣牢牢地把握自己的權柄，對任何敢於覬覦的人採取最慘烈的行動。這無關是非善惡，只是一種歷史的必然趨勢——雖然非常血腥。這段歷史，在地名中也留下了痕跡。

　　翼城，春秋時期，作為晉國國都時名絳，位於今山西省南部，現在面積千餘平方千米，人口三十餘萬，是一個非常普通的內陸小縣城，但在兩千多年前，卻發生了一件並非特別著名，但對歷史影響卻足夠深遠的事件。

　　西元前六六九年，正是晉國第二十位國君晉獻公在位期間。晉獻公素有開疆拓土的志向，在他在位期間，「併國十七，服國三十八」，意思是吞併了十七個諸侯國，還讓三十八個諸侯國成為附庸。但在這

之前，他首先要消除內部隱患。大夫士蒍說，前幾代國君的兒子們很多，如果不解決他們，就會發生禍亂。於是晉獻公有一天將這些「龍子龍孫」全召集到一起，殘忍地製造了一場大屠殺，將他的叔伯兄弟、堂叔伯兄弟斬殺殆盡，然後把原晉國國都翼擴充，命名為絳，地在今天翼城東南。

絳，就是紅色，是血的顏色，晉獻公應該是想以這種方式提醒公室，別再將貪婪的目光投到國君的寶座上。不僅如此，他還下令從此晉國不立公族，取消了公室子弟參與政權運作的權力。由此，晉國的王權得到鞏固，在各諸侯國中，最先完成了國體的「現代化改造」，在制度上為晉國的強大和崛起奠定了基礎，但公室的衰弱，卻為異姓卿大夫掌握政權創造了條件，也可以說，「三家分晉」的結果，在晉國公子們的鮮血染紅城垣的那一刻，便已註定。

霍州

其實兄弟靠不住

山西簡稱為晉，眾所周知，是緣於周朝初年分封諸侯，周成王將唐地封給幼弟叔虞，叔虞子燮父改國號為晉，日漸發展成為春秋大國，佔有了山西大部。晉遂成為山西代稱。但實際上，周初分封諸侯，山西境內大大小小同姓異姓諸侯有數十個，若說起重要性來，哪個也不能與霍國相比。

周武王滅商後，依據古老的不絕人祀的傳統，依然將商都地區封給了紂王之子武庚，使其能祭祀商朝的列位帝王。但他對武庚表面上的順服並不能完全放心，於是將商都分為邶、鄘、衛三部分，設三監管理，三弟管叔鮮負責邶，五弟蔡叔度負責鄘，七弟霍叔處負責衛，史稱三監，管、蔡、霍是他們本來的封地，霍國就在今山西臨汾霍州市。俗話說：「打仗親兄弟，上陣父子兵」，讓自己的弟弟們監視前朝王子和遺民，還愁天下不安穩嗎？周武王覺得自己將一切都安排妥帖後，就放心地駕崩了。

不曾想，周武王駕崩後，其子周成王即位，而管叔認為應該兄終弟及（商朝就是這樣的），對此非常不滿，和本來就有復國想法的武

庚一拍即合，再聯合上其餘兩個弟弟，開始造反。幸而周武王的四弟周公旦對周成王很忠誠，立刻帶兵平定了這次或叫武庚之亂，或叫三監之亂的叛亂，殺了管叔，流放了蔡叔，將霍叔貶為庶人。從處理的結果看，霍叔所受最輕，也許是他對叛亂並不像他的哥哥們一樣積極。霍叔的兒子繼任了霍國國君。

春秋時，霍國為晉獻公所滅。當然這不能看作是晉獻公為他的遠祖報仇，那已經過了幾百年了，不過，晉獻公一舉將叔伯或堂叔伯兄弟斬殺，可能是早就知道兄弟靠不住了。

聞喜

聽捷報改地名，一改就是倆

聞喜在運城北四十千米，最早的時候叫桐鄉，秦朝時建縣治，名左邑，叫聞喜緣於漢武帝。元鼎六年（前111），漢武帝巡行帝國東方，走到左邑的時候，聽說南越被平定，很高興，就將左邑改為聞喜。聞喜，「聽到捷報」——多說一句，漢武帝又走啊走啊，走到了今河南省新鄉市，聽到南越叛亂的主謀呂嘉被俘虜，更高興了，就將當時所在的汲新縣中鄉改為獲嘉縣。

也有很多史料上，或者說當時漢武帝正在北征匈奴的路上，或者說是要去萬榮祭祀后土，這都不太準確，事實上，漢武帝當時正要去緱氏（今河南偃師市）。緱氏，據傳說是西王母的故鄉，西王母正是在那兒修道成仙的。所以，漢武帝去那兒，實際上是為尋仙訪道。當時四十五歲的漢武帝一生的功業已經基本完成，隨著年齡的逐漸老去，長生成為他最大的願望。

這就是一個地名給我們透露的資訊，也許並不是那麼重要，但是少了任何一點，都會讓人遺憾。

一九八六年制定的《地名管理條例》規定，要保證地名的相對穩

定，任何單位和個人不能擅自更改變動地名。這是出於很多方面的考慮，其中一項就是地名裡蘊含著大量的歷史文化資訊，每一個地名的消失，都意味歷史的一個細節、文化的一個片段永遠地離我們遠去，隨著時間的流逝，它就會變成令人難以理解的空白。也許消失的部分並不那麼重要，但無論如何廣闊的土地，都是由細小的砂石組成。如果我們不願意變成一個歷史虛無主義者，那麼就別讓這些東西輕易消失，哪怕它只是一個地名。

聞喜商湯王廟　劉寶平／攝影

名山大川

恆山

五嶽之中最奇最雄渾

　　中國自古以來就有五嶽的說法。「嶽」，即是那些高峻遠超他山的山。在上古堯帝時期，以之為比喻，還曾是主管四方的部落首領的稱號。春秋前，只有四嶽，《周禮》中記載五嶽，但不知為何山。漢武帝時正式確立祭祀五嶽的制度，漢宣帝時下詔，泰山為東嶽，華山為西嶽，南嶽為霍山，嵩山為中嶽，而恆山為北嶽。隋文帝廢霍山，改衡山為南嶽。

　　作為北嶽的恆山，橫跨山西、河北兩省，西接雁門，東連太行，南蔽三晉，北瞰朔漠，東西綿延一五〇千米，號稱一〇八峰，主峰在渾源縣南，海拔二〇一七米。

　　傳統上概括五嶽特點，即泰山「天下獨尊」、華山「天下獨險」、衡山「天下獨秀」、嵩山「天下獨奧」，而恆山，則是「天下獨奇」。恆山的「奇」，體現在它的奇觀奇景，恆山風景區有十五個分景區，以及數十個衛星景區，遍布峻嶺奇峰、蒼松翠柏、怪石幽洞、深澗清泉、摩崖石刻，琳琅滿目，無不讓人嘖嘖稱奇，尤其是恆山第一奇觀懸空寺，是世界十大最驚險建築之一。由於恆山山勢陡峭的基本特

點，其中大多數建築都可以用奇險形容，比如「恆山第二懸空寺」雲峰寺建在懸崖的斷層帶上，背崖懸空，堪稱奇巧；再比如魁星閣，獨自屹立險峰之上；還有北嶽寢宮，隱入石窟，別有洞天……

北宋畫家郭熙還用另外五個字形容過五嶽，即泰山如「坐」，華山如「立」，嵩山如「臥」，衡山如「飛」，而恆山如「行」。恆山海拔兩千米之上的山峰一座座連綿起伏，像一個行走在中國北部的巨人，奇峰峻嶺與雄關險隘、烽燧古堡融為一體，形成了五嶽中獨有的雄渾磅礡的氣勢。

恆山在漢武帝時被神化，歷代帝王無不崇祀，留下許多傳說。史載親祀恆山的帝王有十八位，派人祭祀的就更多了，比如乾隆皇帝就派了十一次，另外，明清以前，祭祀多在恆山山脈東南的河北省曲陽縣，因明清後曲陽縣在京城南，祭祀北嶽有些名不副實，所以改在了恆山主峰所在地渾源縣。

五臺山

佛道相爭，終成佛教聖地

　　要說山西名氣最大的山，五臺山如果謙虛一下，說要排第二，恐怕沒有任何一座山好意思排第一。世界佛教五大聖地之一、中國佛教四大名山之首、中華十大名山之一、世界文化遺產、國家自然與文化雙遺產、國家地質公園等等，有這麼多的定語，五臺山傲立山西群山之中，也沒有什麼疑問。

　　五臺山由一系列大山和群峰組成，地跨五臺、繁峙、代縣、原平、定襄數縣市，其中坐落在忻州市五臺縣的五座高峰，人們也俗稱

五臺山　崔元和／攝影

五臺山，因山中氣候寒冷，又被稱為「清涼山」。

五臺山之所以能成為佛教名山，是因為在許多佛經中，都提到「震旦」（即中國）有一座山，或叫「清涼山」，或叫「五頂山」，是文殊菩薩講法演化的道場。東漢永平年間天竺僧人攝摩騰、竺法蘭來到中原後，見此山與佛經中所描摹一致，且山形與佛祖修行處的靈鷲山出奇相似，就請皇帝下旨建了大孚靈鷲寺（今顯通寺）。此後，在歷代帝王和億萬信眾的共同努力下，造就了今日擁有三百餘座寺廟、青廟（漢傳佛教）黃廟（藏傳佛教）共處、每年迎接信眾遊客四百多萬人次的佛教聖地。

其實，在佛教傳入之前，五臺山是一座道教名山。傳說，文殊菩薩初來中國，住所就是五臺山之中玄真觀內的石盆洞。天竺那兩位高僧要在此建寺，當然引發道教的不滿。官司打到朝廷，於是兩教就在皇帝的主持下，焚經以定高下。結果，道教經書被燒毀，佛教經書卻完好，僧人們由此獲得了建寺的權利。

這則故事雖然長僧人志氣，可惜也是傳說。道教正式形成是在那兩位高僧來中土後七八十年，之前就算有「道士」，也只是一些方士、術士、隱士。於是，不僅是五臺山，其他地方也一樣，形成了日後「天下名山僧占多」的局面。

冠山

書香流傳千年

　　中華文明源遠流長，其中一個重要原因是重視教育。如至聖孔子，最本色的身分就是老師，最尊崇的稱號是「大成至聖先師」。流觴之下，王朝的機構設置中，中央有國子監，省有省學，府有府學，縣裡還有縣學。唐宋時，更是出現了一種獨立的教育機構——書院。

　　書院由地主或富商出資修建，並提供運轉資金，大多是私人聚徒授學、研究學問的場所。發展到後期，王朝為控制思想和言論，書院不是被收歸國有，就是被置於官府監督之下。但書院天生的傳承文脈、培養後進的功能卻一直為人稱道。

　　中國有「四大書院」的說法，即河南商丘應天書院、湖南長沙嶽麓書院、湖南衡陽石鼓書院、江西廬山白鹿洞書院（還有種說法無石鼓書院，而有河南登封嵩陽書院）。山西歷史上共有書院二百八十餘座，三立書院、河東書院較為著名，冠山書院亦是其中之一。

　　冠山，位於陽泉市平定縣境內，因山形似古代士大夫之冠戴而得名。在山上建書院，應蘊含著對學子的美好期待和祝福。這座書院名為崇古冠山書院，創建年代無考，有可能出現在唐宋之際，但創下名

聲卻是在元代之後。元明之時，冠山書院出了兩位大才子，一位是元朝名臣、史學家呂思誠，其人剛直敢諫，並任過修宋、遼、金史的總裁官。另一位是明朝任過禮、兵、吏部尚書的喬宇。

喬宇在冠山書院時，留下個哀傷的故事。傳說喬宇書院苦讀時，山中狐仙化為美女前來相伴，不料卻被他的老師看破，設計讓狐仙現出原形，且香消玉殞。喬宇後來做了高官，但並沒有忘記這番情意，特意為這位狐仙立了墓碑，上寫「喬宇原配狐氏之墓」。清朝蒲松齡寫《聊齋志異》，或許就從這裡得到過靈感。

羊頭山

炎帝教民農耕之地

　　中國被世界稱為黃色文明，黃色是土地的顏色，意為農業文明。從炎帝神農氏嘗五穀、制耒耜，教民農耕開始，已經有五千多年了。而傳說中教民農耕之地，就在今長治市高平市神農鎮的羊頭山上。

　　炎帝和黃帝一樣，被視為華夏文明肇基者，中國人都說自己是炎黃子孫，所以全國各地號稱有炎帝遺跡的地方實在不少，但高平當地人都會說自己這兒才是最真和最老的。很簡單，炎帝姜姓，姜，最古老的甲骨文中字形其實就是「羊」，部落亦曾以羊為圖騰，所居之地名羊頭山也是順理成章。

　　羊頭山位於長治、高平、長子交界，方圓近五十千米，海拔最高處一二九七米。山中遍布炎帝古跡，如神農城、神農井、神農碑等。山南麓下有分上下兩院的神農廟，大約建於唐代。廟內有塔，塔下有泉，泉從上院流出，匯到下院，名為「神農洗藥池」，傳說喝了泉水可健康長壽。山腳下一個叫莊里的村子裡有炎帝陵，可惜五千年後早已不復存在，遊客只能通過明朝萬曆年間所立的一塊「炎帝陵」碑來憑弔神農先祖。

北魏時，佛教大興，孝文帝有次路過羊頭山，命人在山上開鑿石窟，歷時八十多年，共四十多處，現在保存完好的還有九處，石窟內造像衣紋流暢、面容豐滿，是研究北魏佛教文化及古代雕塑藝術的重要佐證。

發鳩山

進山就穿越到神話世界

　　發鳩山位於長子縣城西二十五千米，海拔一六四七米。名字任誰聽，也覺得非常怪。根據當地一些傳說猜測，也許是濁漳河發源於發鳩山，如果漳水要漲，人們首先就會發現山中有白鳩飛出，可以早做防備，故名發鳩山。

　　發鳩山出名，是因為它是神話「精衛填海」發生地，記載在先秦的古籍《山海經》中，而神話的起源自然更古老。原來山上有座靈泉

發鳩山　王廣湖／攝影

廟，供奉著炎帝的女兒女娃（死後化為精衛鳥填海的那位）和她母親、姐姐，廟內女侍塑像的手上，也雕著一隻白鳩。廟不知建於何時，傳說中是炎帝為紀念女兒所修，宋朝重修廟宇的碑記上就說「廟貌甚古」了。

除了精衛填海，發鳩山流傳的神話傳說還有很多。比如崔府君的事蹟。崔府君，名珏，普遍認為是地府的四大判官之一，因搭救過南宋皇帝趙構，所以在當時對其崇奉最為隆重，但現在只是晉東南一帶獨特的地方風俗了。崔府君曾任過長子縣令，發鳩山中猛虎傷人，死者母親就告到縣衙，崔府君即派人向山神廟發了「公文」，讓老虎前來應訴。那老虎居然乖乖來了，且擔負起供養老人的責任。

另外，上古時共工和顓頊作戰，失敗後頭觸不周山，使天柱斷裂，害得女媧不得不煉石補天，有種說法認為不周山就是發鳩山；堯帝的長子丹朱為堯帝求藥，也是在發鳩山中找到老神仙彭祖，治好後，堯帝封彭祖為靈應真人，並在發鳩山主峰方山峰頂蓋了醫祖廟，廟中殘碑上「此山為堯封之勝地」這樣的字跡還能辨識。

如此眾多的神話、傳說、故事，讓發鳩山這座在山西群山中並不算特別雄偉的山，展露著獨特的魅力，走進山中，我們就像是踏入了遠古人神並存的世界，能夠去體驗那個神秘、蒙昧但卻有著旺盛生命力、想像力的時代。

北武當山

不是神仙選的，是王爺修的

　　湖北有個武當山，是世界文化遺產，也是道教聖地，道教中北方正神、水神、武神、命運之神真武大帝飛升之地，所以成為中國尊奉真武大帝的主要場所。而在山西，有一座北武當山，也尊奉真武大帝。

　　兩者之間有一些淵源。傳說真武大帝飛升之後，被封為北方正神，就來北方雲遊，看到北武當山奇險雄峻，非常喜歡，就決定將此處當作自己的行宮，並說，這又是一座武當山了。所以，這座山就被稱為北武當山。而且，真武大帝嫌北武當山有點低，還捏住峰頂提了一提，提高了九十九丈這才滿意——這一提不要緊，雖然北武當山方圓比武當山小很多，但海拔卻要高六百多米。

　　傳說終歸是傳說。其實無論是湖北的武當山，還是山西的北武當山，要感謝的都是大明朱家。湖北武當山是永樂皇帝朱棣修的，山西北武當山則是在晉王一脈的第八位慶成王手上才修築成今日規模的。這位慶成王篤信真武，不惜花費鉅資，將登山道路改成石階，並將山頂原已毀棄的玄天大殿重新修繕，成為方圓最著名的真武道場。而

且，把這座原名龍頭山的山也改名叫北武當山了。

不過，早在慶成王重修前，這兒應該就有真武的神殿了。因為當時龍頭山主峰香爐峰和武當山主峰天柱峰都被稱為金頂，只是一個叫北頂，一個叫南頂而已。然而早在何時，卻是無從考證了。

真武，亦名玄武，傳統上本是代表北方、有龜蛇之像的神獸，在宋朝才開始人格化。明朝時，真武崇拜達到頂峰，被加了一系列尊號，朱棣所封最為隆重，「北極鎮天真武玄天上帝」──因為朱棣認為自己是真武下凡。所以，上有好者，下必甚焉，北武當山上有道觀或許很早，但崇奉真武，應是始於永樂皇帝朱棣當政的時候。

霍山

五鎮之首，號令群山

　　霍山，又稱太嶽山、霍太山，位於臨汾市霍州市境內，並綿延至洪洞、古縣、沁源、靈石等縣，南北長約二百千米，最高峰五龍壑海拔高二五〇〇米。

　　在古代，霍山是一座地位非常高的山。據說，上古時期，天下分九州，其中冀州被視為九州之中，天下首州，在冀州的霍山就被稱為中嶽。霍山曾名「太嶽山」，「太」，大到極致的意思，身分極高輩分極高也是太，可見霍山在古時尊崇的地位。隨著中原國家疆域的擴大，霍山又被稱為南嶽。隋文帝時期，疆域更加廣闊，霍山不再被稱為嶽，被更南的衡山所代替，但依然是中國五座鎮山之一。所謂鎮山，是某一地區的主山，地位與嶽山相當而略低，也享有國家級的祭祀。中國五座鎮山分別為：東鎮山東的沂山，西鎮陝西的吳山，南鎮浙江的會稽山，北鎮遼寧的醫巫閭山，而霍山則為中鎮，是五鎮之首，有著號令群山的獨特地位。

　　古代的霍山是一座神聖之山、神奇之山，帝王祭祀、遊客登賞，留下許多勝跡。到了近現代，霍山又為中華民族做出了新的貢獻。一

九四〇年，依託巍峨的霍山，太嶽革命根據地成立，是中共中央聯絡山東和華東的交通要道，也是問鼎中原屏障西北的戰略要地。抗戰期間，太嶽區軍民捨生忘死，浴血奮鬥，為抗日戰爭的最後勝利立下不朽功勳。

中條山

山西唯一道教福地

　　孫悟空為了當猴王，跳進一個山洞，有塊石碑上刻著幾個字，說這裡是「花果山福地，水簾洞洞天」。聽故事當然一晃而過，不過細說起來也很有意思。所謂洞天福地，牽涉到道教的宇宙觀。道教認為，在我們所居住的這個宇宙裡，還有很多與世隔絕的世界以及特殊的地域，稱之為洞天、福地。洞天福地是仙人的居所，往往在名山之中，並能與天界通連，雖然在我們的世界有入口可以進入洞天福地，但很少有凡人遇上這種難得的機緣。

　　道教認為，天下有三十六處洞天，七十二處福地。很遺憾（很幸運），山西只有（也有）一處福地——福地之中排名第六十二的中條山福地。補充一下，王屋山被稱為「道教第一洞天」，可惜一大半在河南，少一半才在山西，所以不好說是山西的。

　　中條山在山西西南部，位於太行山和王屋山之間，山勢狹長，故名中條山。山體長一百六十多千米，主峰為垣曲縣的雪花峰，海拔一九〇〇多米。

　　作為道教福地的中條山，傳說中是一位姓趙的仙人負責管理的地

方。但在此處隱居修行的最著名的仙人卻是八仙中的張果老。張果老在八仙中很有名氣，其名在正史之中也得以記載。據說唐開元年間，唐玄宗召他進京城，見了之後非常崇拜，甚至想把妹妹嫁給他。而早在張果老之前數百年的兩晉時期，中條山就已經是蜚聲遠近的道教名山，且近兩千年來，一直是中國道教文化聚集和傳播之地。

中條山是晉南一座大山，支脈甚多，又處於華夏文明核心地域，所以人文薈萃。中條山西段盡頭為歷山，是舜帝躬耕之處；歷山之南為首陽山，《史記》列傳中排第一的伯夷和叔齊，「義不食周粟」，在此隱居且餓死，被傳頌為千古義人；永濟的五老峰，相傳有五位老人給伏羲氏傳授《河圖》《洛書》，成為華夏文明開端；平陸的砥柱山，黃河分流，包山而過，千萬年始終屹立，留下「中流砥柱」的成語。

中條山　杜東明／攝影

汾河

山西的母親河

　　中華民族的母親河是黃河，孕育了璀璨的華夏文明。作為黃河的一條支流，汾河又是山西的母親河，華夏文明重要的組成部分。三晉文化在汾河兩岸生根發芽，成長為一棵參天大樹。

　　汾河全長七百一十三千米，流域面積近四萬平方千米，流經忻州、太原、呂梁、晉中、臨汾、運城六市二十九縣（區），在萬榮縣榮河鎮廟前村匯入黃河。從先秦的古籍《山海經》開始，就說汾河發源於忻州市寧武縣的管涔山，通行的說法認為是管涔山脈南麓東寨鎮北樓子山腳下的雷鳴寺泉。二〇一一年利用多種手段，重新勘測，得出結論，確定了從神池縣延伸過來的一條溝道為汾河源頭，該地處於神池縣太平莊鄉西嶺村，位於歷史認定的雷鳴寺泉上游。

　　從汾河一路順流而下，途經的都是山西文化最發達最重要的地方，或者換句話說，因為有汾河的存在，這兒才成為晉人繁衍生息、創造文明的最佳選擇，所以也留下許多有關汾河的人文勝跡。

　　在太原市晉源區王郭村和侯馬西臺神村，各有一座臺駘廟。臺駘是張氏的祖先，更是比大禹還要早的治水英雄，他治理的就是汾河。

在太原市陽曲縣，金代詩人元好問見一雁因配偶喪於獵人之手悲痛自墮而死，而寫下「問世間，情為何物，直教生死相許」的絕唱，今雁丘亦在汾水畔。

在臨汾市襄汾縣，有丁村遺址，在這兒發現了最早的中國人，丁村文化，亦被稱為汾河文化。

臨汾市洪洞縣，該縣是電影《我們村裡的年輕人》的取材地和拍攝地，電影中歌曲《人說山西好風光》家喻戶曉，歌詞說的「你看那汾河水啊，嘩啦啦地流過我的小村旁」，今日景色宛然。

在運城市萬榮縣，有一座秋風樓，因為漢武帝《秋風辭》而得名，「泛樓船兮濟汾河，橫中流兮揚素波」，讓人遐想當日汾河的寬廣。

運城市芮城縣，春秋時期是魏國屬地，《詩經》〈魏風〉中政治諷刺詩《伐檀》和愛情詩《汾沮洳》描寫的就是汾河岸邊勞動人民的心聲……

滹沱河

名字雖怪詩人愛

滹沱河發源於忻州市繁峙縣泰戲山孤山村一帶，向西南流經恆山與五臺山之間，至界河折向東流，切穿系舟山和太行山，東流至河北省獻縣臧橋與滏陽河相匯成子牙河後入海。全長五百八十七千米，流域面積二點七三萬平方千米。在山西境內長三百三十千米，流域面積近一萬平方千米。

滹沱河有個很怪的名字，但如果說它的古名，可能更讓人摸不著頭腦了。比如，在先秦的古籍《禮記》中，它叫「惡池」，地位還不低，晉國的人如果要祭祀黃河，就會先祭祀滹沱河；在《周禮》中，又被稱為厚池；戰國時人們叫呼淪水，西漢有些人叫它亞淪，東漢才叫它滹沱河。北魏時給滹沱河改了個又好聽又好懂的好名字──清寧，可惜，沒叫開。

但叫了這麼個莫名其妙的名字（也許「滹沱」本來有其深義，年長日久被人忘了），反而不耽誤滹沱河受到詩人的歡迎。仔細搜檢一番，發現它在古代詩詞中亮相的次數可以說比汾河都要多。這就更令人難以理解，也許古代詩人們裝文藝範喜歡這個腔調？

滹沱河多一半在山西，少一半在河北，所以詩詞中的滹沱河倒不一定全說的是山西滹沱河，有些甚至明確可以知道，是詩人看到河北滹沱河有感而發。不過，「皇城相府」的主人、清代大學士陳廷敬寫過一首《渡滹沱》，十有八九是在山西寫下的：「晨興越大河，霜氣壓清波。秋日石梁外，人家漁浦多。遠鷗浮水去，高葉趁風過。來往恆山道，征車奈晚何。」

　　滹沱河位於山西北部，處在農耕民族和遊牧民族交界地帶，在古代屬於邊疆地區。唐朝詩人喜歡寫邊塞詩，中唐的李益寫過一首《臨滹沱見蕃使列名》：「漠南春色到滹沱，邊柳青青塞馬多。萬里江山今不閉，漢家頻許郅支和。」意思是，滹沱河邊，春色正好，回紇的使者來大唐做客，這都是因為大唐的民族政策好啊！萬里江山不設防，與各族同胞共用，就像漢朝時答應給匈奴郅支單于和平一樣——我想怎麼也不會是河北平原的事吧！

沁河

山西八大河中河水最清

沁河是山西第二大河流，全長四百八十五千米，在山西省內長三百六十三千米，流域面積一點三萬多千米，從長治市沁源縣太嶽山東麓二郎神溝發源，流經沁源、安澤、沁水等縣，於陽城縣潤城鎮進入太行山區，東南流入河南濟源市。

沁河古稱洎（音季）水，又稱少水，但不知有何說法。《左傳》中描述齊、晉之間某次戰役，就提到過「少水」。不過，戰爭給沁河留下的最著名的遺跡應該是沁河古棧道了。曹魏年間，從山西向河南運糧，為太行山所阻隔，而沁河又不能行船，於是就沿沁河陽城段河谷右岸，在石崖上鑿孔鋪設棧道，全長九十千米，在山西境內有五十多千米，木制棧道早已不存，只有孔洞還在。

沁河古堡群是戰爭留下的另一歷史遺跡。明末亂世，流民四起，沁河兩岸豪族富商，為了自保，修築了許多極為重視防禦的建築群，被稱為沁河古堡群，較為著名的有郭壁、竇莊、湘峪、砥洎城和郭峪等。

沁河含沙量年均每立方米六點九五千克，是山西省流域面積在四

千平方千米以上的八條河流中最少的。水秀自然山清，所以沁河流域包括支流，自然風光尤其優美，成為沁河景觀的一大特點。

沿沁河而下，有世界地質公園雲臺山，有自然保護區五龍口景區，有中國第一灣李寨，有世界上最大跨徑石拱橋丹河大橋，有雄險奇絕的神農山，有高峽平湖九女湖等，徜徉於山光水色之間，足令人流連忘返，樂不思蜀。

桑乾河

弓箭最早誕生在這裡

桑乾河為永定河的上游，是海河的重要支流。由上游源子河、恢河在朔州市朔城區馬邑匯合後為桑乾河，流經朔城區、山陰縣、應縣、懷仁縣，在懷仁縣古家坡附近進入大同市，經河北省匯入永定河，全長五百零六千米，在山西省內長二百五十二千米，流域面積一點七萬平方千米。

桑乾河主流恢河發源於寧武縣管涔山，而源子河發源於左雲縣截口山，據說每年桑葚成熟時節，河水會乾，故名桑乾河。桑乾河現在知名度不低，全因那部丁玲寫的、獲得過史達林文藝獎的長篇小說《太陽照在桑乾河上》。只可惜，這部小說講述的是河北北部農村的故事。

當然，名聲本是浮雲，桑乾河在歷史上的地位並不會因為知名與否而被削弱。山西境內的桑乾河流域，是中國北部少數民族通向中原的咽喉之地。和平時期，多民族互通有無，交匯融合，今天來看，晉北人都很難說清楚自己流著哪個民族的血液；一遇戰亂，卻烽火連天，屍骸枕藉，災難和痛苦盤桓不去，是古人望之卻步的險地。所以

唐朝詩人劉皂《渡桑乾》說：「客舍并州已十霜，歸心日夜憶咸陽。無端又渡桑乾水，卻望并州是故鄉。」意思是說本來是在太原寄居，十年來每天想念咸陽，今天要渡桑乾河了，反而覺得太原是故鄉了。

然而，和詩人們的想像不同，桑乾河流域並非不毛之地。早在十多萬年前，就有人類居住並創造文明。在朔州黑駝山下峙峪一帶，發現了距今二點八萬多年前的石鏃，證明當時峙峪人已經發明了弓箭，這種被恩格斯評價「相當於鐵劍之於野蠻時代和火槍之於文明時代」的武器，也許，從那時候起，中國狩獵文明和農耕文明就開始分野，並深刻地影響了以後的歷史。

壺口

《黃河大合唱》誕生地

　　一九三八年底，詩人光未然（原名張光年，曾任中國作家協會副主席）路經壺口，他見黃河逶迤，瀑布奔騰，氣勢磅礴洶湧，想到正當民族危亡，日寇凌虐，不由心潮澎湃。翌年三月，長篇組詩《黃河》寫就，後經作曲家冼星海作曲，完成了著名的大型聲樂作品《黃河大合唱》，尤其是其中第七樂章《保衛黃河》「風在吼，馬在叫，黃河在咆哮……」，奏出了中華民族的最強音。這部作品數十年常演不衰，周恩來總理曾經讚譽：「為抗戰發出怒吼，為大眾譜出心聲。」壺口瀑布，這條中國第二大瀑布、全世界最黃瀑布，從此被視為中華民族不屈和威武精神的象徵。

　　黃河流經秦晉大峽谷，行至山西吉縣和陝西宜川之間時，三百多米寬的滾滾河水被兩岸束縛，躍下三十多米寬，五十多米深的河溝，造就了這條大瀑布，整體景象好比水從大酒壺中傾出，勢若奔馬，聲震數裡。而在傳說中，壺口的形成，緣於大禹治水鑿石導河，所以《尚書‧禹貢》中，就記載了「壺口」之名：「既載壺口，治梁及岐」（完成了壺口的工程，又治理了梁山和岐山）。

壺口瀑布　梁銘／攝影

　　壺口地形險要，素來就為兵家必爭之地，春秋迄至民國，發生過多次戰爭。抗日戰爭時期，閻錫山將二戰區長官部、山西省政府、民族革命同志會等重要機關都遷移至離壺口瀑布六七千米的吉縣克難坡，使這裡一度成為山西的抗日中心。

　　一九八七年九月四日，安徽省黃河漂流探險隊隊員王來安乘坐由四十個汽車內胎纏結而成的「長江號」密封船，漂流黃河壺口瀑布獲得成功，創造了人類歷史上第一次無動力漂流黃河壺口天險的壯舉，人稱「黃河第一漂」。

　　一九九四年九月十九日，河北吳橋雜技藝術團演員楊云，在一高一低兩根鋼絲之間，橫跨黃河四百多米長的距離，往返於滔滔黃浪之上，被稱為「華夏第一走」。

　　一九九七年六月一日，香港藝人柯受良駕駛三菱汽車飛越黃河壺

口瀑布成功，被稱為「世界第一飛」。

一九九九年六月二十日，吉縣人朱朝暉駕駛摩托車飛躍壺口瀑布，成為駕駛摩托車飛躍黃河的第一人⋯⋯

如此種種，更為壺口瀑布增添了許多英雄的色彩。

涑水河

河水漱口，可除百病

古代史學界兩司馬並稱，一位是漢朝的司馬遷，寫的《史記》，開紀傳體通史先河；一位是宋朝的司馬光，寫的《資治通鑑》是中國第一部編年體通史。司馬光世稱涑水先生，因為他出生在今天運城夏縣涑水河邊，讓這條流域只在運城境內的河流擁有了永久的名聲。

涑水河發源於絳縣橫嶺關陳村峪，向西南流經聞喜、夏縣、運城市區、臨猗縣，至永濟市伍姓湖，在弘道園村附近匯入黃河，全長一百九十六千米，流域面積五五四八平方千米。

字典中解釋「涑」字，只說是河流的名字（山東還有一條涑水），但「涑」是什麼意思，很多人就不清楚了。宋朝人編纂的一本字典裡，說「涑」，音「瘦」，同「漱」，漱口的「漱」。

不過，這個問題是難不倒運城人的，因為當地流傳著關於涑水河的一個傳說——

很久很久以前，在夏縣有條美麗的河叫清亮河，河流兩岸地肥水美，百姓幸福。不想五龍爺的兒子小黑龍在人間貪玩，弄髒了河水。

喝了河水的人，都彎腰駝背，面目醜陋。人們不知道發生了什麼事，叫苦連天。這時，河裡躍出一條鯉魚，向人們道清了原委，並說，只有五龍爺才能收復得了小黑龍，還人間一片樂土。於是百姓們就去求五龍爺。五龍爺果然大義滅親，懲罰了小黑龍，讓河水重新變得清澈，並說用河水漱口，就可以祛百病，保康健。河邊的人照著去做，果然如他所言。從此，這條河就被稱為「漱水」，也就是「涑水」。

鹽池

中國唯一有專字的湖泊

　　山西是個內陸省分，湖泊並不多，中國數個大湖，不用說「四大」了，就是排「十大」，也輪不著山西的湖泊。但是，對於湖來說，山西是「貴精不貴多」。山西的鹽池，可以說是中國歷史上最重要的一個湖。

　　鹽池又名鹽湖、銀湖，位於山西運城市南一千米，東西長三十千米，南北寬二點五千米，總面積約一百三十平方千米。

　　鹽，現在是百姓日用之物，誰也不會多留意，但實際上，人類的體質改善，以及各器官的功能維持，絕對缺不了鹽，元朝科學家宋應星說是「生人生氣之源」，而鹽又在幾個特殊的地方才有出產，所以從古至今，是上升到國家層面的最重要的戰略物資之一。

　　對於鹽池的開發利用，最早甚至可以追溯到黃帝時期，考古也證實了這一點，五千多年前，人類就在這兒獲取鹽了。傳說中，黃帝與蚩尤大戰，就是為了爭奪鹽池。而佔據鹽池的蚩尤，古籍中說，「吃砂石子」，被認為是吃粗顆粒鹽的曲折反映。因為有鹽可吃，體質更好，蚩尤在武力值上遠超黃帝，被稱為「兵主」，也就是戰神；舜帝

唱《南風歌》:「南風之薰兮,可以解吾民之慍」,說的也是南風一吹,再經日光一曬,則鹽就凝結出來,可以造福百姓。再後來,文字誕生的時候,因為鹽池如此重要,甚至像黃河、長江一樣,古人為它專門創造一個字,鹽,音古,《說文》解釋:「河東鹽池」。

西漢時期,確立了鹽鐵國家專賣的原則,並為後來的王朝所遵循。所以,鹽稅也成為中國歷代王朝的重要支撐。但當時低生產水準下,只能依賴自然生成的鹽。鹽池的鹽,因為生產容易,產量高,品質好,所以成為各王朝賴以生存的一條命脈所在。如唐朝時柳宗元說,運城鹽池的鹽,「賦稅居國家之半」;宋朝時冗官冗兵,西北、北部邊疆又常不安寧,俸祿薪餉乃至兵費大半也得靠鹽池;元朝時,為更方便有效控制鹽務,在鹽池附近潞村設立鹽運司專城,這是歷朝唯一一例,並成為今日「運城」市名的由來;明朝時創開中法,讓商人給邊疆部隊輸送糧草,以此換取經銷鹽的權利,晉人得地利之便,是這項措施的最直接受益者,由此誕生了輝煌六百年的晉商群體⋯⋯

關隘津渡

殺虎口

走不盡的移民路，唱不完的走西口

　　殺虎口在山西省右玉縣晉蒙交界處，其實原名殺胡口。胡，傳統上是漢民族對北方遊牧民族的稱呼。明朝為了抵禦蒙古瓦剌部的侵擾，多次從此口北上征伐，而蒙古鐵騎南下，殺虎口也是必經之地。

殺虎口　李廣潔／攝影

殺虎口關城在十六世紀中葉漢蒙矛盾激化的時候修築，但沒過多少年，隆慶和議之後，漢蒙之間化干戈為玉帛，此地又成為牛馬交易市場所，經清朝到民國沿襲不改，成為兩個民族友好交融的見證。清朝以少數民族身分入主中原，忌諱「胡」字，所以「殺胡口」俗稱「殺虎口」。二十世紀二〇年代，西北軍馮玉祥部下韓多峰任殺胡關鎮守使，為緩和民族矛盾，遂沿襲俗稱，正式改名。

　　關名的改易，其實是無關宏旨的歷史細節。事實上，從明中晚期後，殺虎口的軍事作用就退居第二位，它之所以名聲到如今不墜，是因為它主要是作為民族溝通交流的通道而存在。有一首膾炙人口的民歌，叫《走西口》：「哥哥你走西口，妹妹我實在難留……」，描述清朝一直到民國，內地百姓去茫茫草原務工經商的艱辛，這其實是近代五次移民歷史——「走西口」「闖關東」「蹚古道」「下南洋」「赴金山」——其中之一的反映。走西口，據統計，兩百多年間有數百萬晉陝民眾從殺虎口走向蒙古大草原，改變了內蒙古的經濟結構、社會形態和生活方式，構建了獨特的富有山西特色的移民文化，並為華夏邊疆的開發、發展、繁榮做出了不可估量的貢獻。而殺虎口，作為民族親睦友好和人民艱辛奮鬥的豐碑，將會永遠地矗立在晉蒙邊界。

偏關

正德皇帝在此為自己升官兒

　　明長城外三關為雁門關、寧武關和偏關。偏關地處山西省西北，黃河南流入晉處，長城逶迤而南，才是寧武關和雁門關，所以，偏關也被稱為外三關之首。明代為防禦北部邊疆，設九邊重鎮，初期山西鎮總兵駐地就設在偏關。

　　偏關，原名偏頭關。偏頭之義，是因為此處地勢東仰西伏，狀如人偏頭而望。在歷史上，偏關一直是「三晉屏藩」「晉北鎖鑰」，地位非常重要。尤其是在北宋，這裡是防備西夏的最前沿，宿將雄兵，枕戈待旦，楊家將就在此長時間駐防。元朝時，將五代時命名的偏頭砦改為偏頭關。

　　明朝初年，修建了今日所見之偏頭關關城，後隨著漢蒙矛盾的激化，規模愈發宏偉，到萬曆年間達到高峰，被稱為「九塞屏藩」。

　　關於偏頭關，有個小趣聞，在這兒曾駐紮過的將軍，最有名的一位其實並不存在——明武宗正德皇帝朱厚照。正德由於愛遊獵，愛打仗，為出行方便，就給自己起個名叫朱壽，並自封為「總督軍務威武大將軍總兵官」，然後下令朱壽巡視邊防。明史記載，正德十三年

（1518）九月間，大將軍朱壽就駐紮在偏頭關。過了幾天，正德就下旨，「總督軍務威武大將軍總兵官朱壽親統六師，肅清邊境，特加封鎮國公，歲支祿米五千石。」有人據此戲謔說，幸好朱厚照年紀輕輕就駕崩了，否則朱壽的官兒一直往上升，到最後沒法再升，就只好謀反了，只是不知道他自己怎麼造自己的反。

寧武關

九邊重鎮，三關要衝

　　寧武關在今寧武縣，關城所在，在戰國時期就有關隘，為趙武靈王防備匈奴之要地，名為樓煩關。唐朝時，將北魏時設在此區域內的廣寧、神武二郡合為寧武郡，關亦因此得名。

　　寧武關的地位在明朝最為突出，弘治年間為應對北方民族威脅，在北部邊境沿長城一線設置了九個邊防重鎮，山西鎮為其中之一。山西鎮所管轄的，就是稱為外三關的偏關、雁門關和寧武關。三關之中，「偏關為極邊，雁門為衝要，寧武介於兩關之中，控扼內邊之首，形勢尤為重要。」所以，山西鎮總兵駐地，就設在寧武關（剛開始在偏關）。

　　自創關以來，寧武關戰爭頻仍，為三關之最，只因偏關有黃河為天險，雁門有勾注為屏障，唯獨寧武，在關前恢河斷流之際，河谷平坦，正好供鐵騎馳騁。是故千年以來，北方遊牧民族南下，常以寧武關為突破口，兵火歷朝不息。不過，最大規模的戰爭，卻發生在明末，而且是李自成北伐襲取京師之時。

　　當時駐守在寧武關的是山西鎮總兵周遇吉。李自成率步卒騎兵五

十萬人北上，剛一接戰，便受小挫，都起了繞關而走的想法，但又害怕後路被斷，才硬起頭皮繼續進攻。戰爭進行了七天七夜，雙方死傷無算，周遇吉彈盡糧絕之後，關城才被攻破，本人亦寧死不屈，壯烈戰歿。自此之後，李自成一路傳檄而定，但在北京城前，還心有餘悸地說：「他處復有一周總兵，吾安得到此。」

此次寧武關戰役，也是中國古代戰爭史上，雙方第一次廣泛運用火炮的戰例，無形中又提升了寧武關的歷史價值。

雁門關

九塞尊崇第一關

雁門關在雁門山上，古稱勾注山，《呂氏春秋》說，天下九塞，勾注其一。其得名源自《山海經》，「雁門，飛雁出於其門」，大意是山高峰險，只有大雁才能飛過。

雁門關有關，是在戰國時期，趙武靈王敗林胡、破樓煩之後，在此建郡立關。雁門關得名，卻是在唐初，為防備突厥，駐軍雁門山，在最絕頂置關，名為西陘關，亦曰雁門關。明朝有內外三關的說法，河北省沿長城一線的居庸關、倒馬關、紫荊關為內三關，山西省境內的偏關、寧武關和雁門關為外三關。

雁門關東接平型關、倒馬關、紫荊關，西連寧武關、偏關，為大同之屏障，太原之鎖匙，自古以來就是中原王朝防備北方遊牧民族入侵的重要戰略支點。從戰國到明代，無不是名將坐鎮，如趙之李牧，秦之蒙恬、漢之李廣、宋之楊家將。名將雄關，相得益彰，才成就了雁門關「三關要衝無雙地，九塞尊崇第一關」的顯赫地位。今天雁門關上，依然建有李牧祠和楊將軍祠，這是對那些保境衛國的名將、軍人的永遠紀念。

雁門關　梁銘／攝影

　　在和平時期，雁門關也是溝通農耕民族和遊牧民族的天然通道，民族交往，多從此出入，所以也是中原與漠北民族融合、民族和平之關。隨著國家疆域的擴大，雁門關已經身處腹地，這個功能反而越發凸顯，再到今天，成為一方旅遊名勝，人們遊覽欣賞，抒發懷古之幽情，稱讚今日之勝景。

　　雁門關其實有雙關，現在所見的雁門關，是明初吉安侯陸仲亨所建。唐宋以前，關城都在西陘關，在現關城西十千米的山間。

平型關

首勝日寇，八路軍一戰天下驚

　　平型關位於大同市靈丘縣和忻州市繁峙縣的交界線的平型嶺上，是內長城的一個關口，明朝正德年間修築內長城時在此處建關。平型關關名人多不明其意，實際上，是「瓶形」之誤，乃是取周圍地形情狀而言，在金代時尚有「瓶形鎮」，到明朝時才以訛傳訛成為「平型關」。

　　平型關在山西關隘中並非最為險要，歷史也非最為悠久，但說起來，卻是諸多關隘中最為著名的之一，只是因為這裡曾是抗日戰爭時期平型關大捷的戰鬥所在地。

　　平型關大捷是八路軍出師華北抗日的第一戰，作為忻口會戰的一部分，其規模並不太大，殲敵也不過千數，但卻有著重要意義。平型關大捷，打破了日軍不可戰勝的神話，鼓舞了全國人民的抗日信心。《八路軍軍歌》也將此次大捷寫進去，「首戰平型關，威名天下揚」。

　　一九三七年九月，八路軍一一五師師長林彪、副師長聶榮臻接總部命令，命楊得志六八五團、李天佑六八六團、張紹東六八七團在平型關東側約五千米長的喬溝峽谷古道，分段伏擊日軍板垣師團一部。

戰鬥在二十五日早晨打響，經過四個多小時拼殺，殲敵一千餘人，繳獲大量迫擊炮、步槍、機槍、戰馬等軍用物資，僅軍用大衣，就夠一一五師一人一件了。

八路軍平型關首戰大捷，是抗日戰爭全面爆發以來中國軍隊的第一個大勝仗，也是在抗日戰場上中國軍隊第一次主動向日軍發動攻擊並取得全勝的戰鬥。捷報傳來，舉國歡騰，毛澤東致電祝賀，蔣介石亦兩次致電祝賀並表彰。

舊關

一條高速路，打通山西東大門

舊關在平定縣，北距娘子關不過九千米，又名故關，亦名井陘關。《呂氏春秋》記載天下九塞，井陘亦為其中之一。所謂故關，意即井陘故關。今井陘關在河北境內。

舊關建關很早，趙國修築長城，此處即為重要關卡，歷史上也一直是兵家必爭之地。秦將王翦伐趙、漢淮陰侯韓信破趙王信，以及拓跋魏攻燕，都曾據此關隘。

舊關為冀晉門戶，石太鐵路未建成以前，去冀入京，只能通過此關。雖說是通衢，常常擁堵，一堵就是七八天，嚴重影響了山西的經濟發展和群眾的生活交通。

為了改善山西交通，打通山西出省的東大門，一九九三年，山西省委、省政府決定修建太（原）舊（關）高速公路。資金匱乏，全省上下、幹部群眾，甚至中小學生都慷慨解囊；地形複雜，技術人員攻克了一個又一個難題；工期緊張，修築人員加班加點，酷暑嚴寒不輟施工，最終在一九九六年六月二十五日全線貫通，不僅建成了山西第一條高速公路，也形成了新時期山西建設的「太舊精神」。

現在，山西省內高速公路超過四千千米，位列全國第七，一個以「三縱十一橫十一環」為骨架，東連京冀、西達秦蜀、南通中原、北出長城的高速公路網初具規模，各地級市「三小時到省會」成為司空見慣的現實，而太舊高速公路，作為山西第一條高速公路必將永銘史冊。

娘子關

平陽公主唯一遺跡

要說起女英雄來，在中國歷史上，除了虛構的花木蘭、穆桂英外，就是李淵女兒平陽公主了。但平陽公主，功業彪炳不遑多讓，遺跡卻難以尋覓。幸好，還有一座娘子關。

娘子關原名葦澤關，唐初平陽公主率軍駐紮於此，因她的部隊被人們稱為「娘子軍」，所以俗稱「娘子關」。據史料記載，金代詩人元好問第一次將「娘子關」入詩，清乾隆年間的《大清一統志》是第一次收入這個關名的官方文獻。

娘子關位於陽泉市平定縣東北綿山山麓，太行山脈河北井陘口西側，位於山西河北交界，是晉冀交通的咽喉要地，一向被稱為「三晉門戶」，又因位於萬里長城最南端，所以被稱為「天下第九關」。如今的關城是明朝嘉靖年間修築的，但其上「宿將樓」「點將臺」「烽火臺」「洗臉盆」等景點傳說都是平陽公主的遺跡。

關於娘子關，還有一種說法，即娘子關的「娘子」，指的是介子推的妹妹。她因被焚死於綿山，每逢有婦人靚裝經過，必興風雨雷電，鄉人建妒女祠，娘子關亦因此得名。

娘子關　梁銘／攝影

　　對於這種說法，很多人是不相信的。只有一個如平陽公主這樣的
巾幗英雄，才能配得上娘子關這個名字以及這座雄關啊。

磧口

黃河河運最大轉運碼頭

磧，並不是個常用字。《說文解字》中說，磧，就是「水渚有石者」，意思就是因河底地形起伏而形成的激流淺灘。黃河萬里，磧有多處，但只有磧口直接以「磧」為名，可見其代表性。

磧口之所以成為渡口和碼頭，是因為黃河船運行經此處，被磧所阻，再難下行，必須卸下貨物，轉為陸路運輸，所以才成為黃河中游的最大轉運碼頭。加之此處是溝通大西北與華北的重要樞紐，商人們南來北往，駝隊船隻絡繹不絕，使其成為一個繁華的小鎮。鎮上黑龍廟對聯形容為：「物阜民熙小都會，河聲嶽色大文章」。

然而，磧口的興盛不過兩百年時間。清朝乾隆年間，磧口上游原來的兩個碼頭被水沖毀，兩地商民搬遷至磧口，逐漸形成了這個小鎮。二十世紀八〇年代左右，公路建成，取代了它的航運功能，通往大西北的黃河商道亦告終結，磧口冷清下來，漸漸蕭條，不復往日景象。

只不過，冷清帶來的一個附加影響卻是使得磧口的古建築很大程度上得以倖存。古街巷、老民居、舊商鋪，保存完好，各具特色，讓

磧口　武濤／攝影

古建築研究者、繪畫攝影愛好者、影視的外景攝製組以及普通的旅遊愛好者每每流連忘返。幾年前，磧口入選中國歷史文化名鎮，該鎮的西灣村和李家山村也在中國歷史文化名村之列，成為當地發展旅遊事業的基礎和核心要素。

風陵渡

史上第一宰相之陵寢

金庸先生的武俠名作《神雕俠侶》中，楊過初會郭襄是一個重要的情節，完成了楊過從少年向大俠的轉變，而他們初會的地點，金庸先生說是在風陵渡。

風陵渡在運城市芮城縣西南端，距縣城三十千米，與豫陝相鄰，為華北、西北、華中三區交界，是黃河最大的渡口，古人題詩說：「一水分南北，中原氣自全。雲山連晉壤，煙樹入秦川。」現在的風陵渡，以黃河、渭河、洛河「三河交匯」，山西、陝西、河北「三省交界」，鐵路、公路、水路「三路共通」，鐵路橋、公路橋、高架橋「三橋飛架」而馳名。

之所以叫風陵渡，還要上溯到遠古時期。當時黃帝與蚩尤作戰，蚩尤做大霧，黃帝的部隊不能分辨方向，迷失在戰場中。幸好黃帝的宰相風后（據說是有史以來第一個宰相）獻上指南車及陣圖，為黃帝指明方向，才取得了勝利。但風后卻不幸戰歿，便安葬在這裡，稱為「風陵」。唐代建關，稱「風陵津」，津即渡口，即後來的風陵渡。

需要說明的是，「風后」並不是位女性，后，在古代是部落首領

的意思，比如后羿、后稷等等。風后，即是風姓部落的首領。風姓部落在遠古時期地位很重要，華夏文明始祖伏羲氏便是出自風姓部落。

另外還有傳說，風陵渡之風陵，說的是中國另一位文明始祖女媧的陵墓，女媧是伏羲的妹妹，自然也是風姓。

禹門渡

鯉魚飛躍化神龍

中國民間有句俗語，叫「鯉魚跳龍門」，意思是說鯉魚如果能夠跳上去，就可以變化成龍。比喻人突然的飛黃騰達，也比喻人奮鬥的艱辛。寓意既吉祥，又勵志，是傳統民俗年畫非常喜愛的題材。但是，你知道不知道，鯉魚所跳之龍門，並非傳說，而確有其地——河津市的禹門渡。

禹門渡在河津市北二十多千米處，黃河流經此處，出峽谷由北向南直泄而下，大浪翻騰，勢若奔馬，所謂「禹門三激浪，平地一聲雷」。《水經注》裡面就說：「龍門為禹所鑿，廣八十步，岩際鐫跡尚存」，後人感念大禹恩德，就稱為禹門。而若說到大禹為何將此處命名為「龍門」，有幾個傳說，一是說，因為地勢奇險，唯神龍可躍；二是說，因為大禹開鑿龍門，得到過應龍的幫助；最後一種傳說就是如果鯉魚逆流而上，飛躍過去，就能化龍，所以叫龍門。

最後一種傳說起源也非常古老，據說最晚在西漢就有了「魚化為龍」的記載，宋朝的一本訓詁書《埤雅》裡談到鯉魚跳龍門，已經就說是「俗說」，清朝一本動物學著作《蠕範》，博採了各種傳說，將

「鯉魚跳龍門」的故事修訂完整:「鯉⋯⋯黃者,每歲季春逆流登龍門山,天火自後燒其尾,則化為龍。」

當然,不論是禹鑿龍門還是魚化為龍,都是傳說而已。所謂「岩際鑴跡」,也不過是黃河在峽壁上千百萬年的沖刷痕跡而已;鯉魚跳龍門,更不是為了化龍,而是遷徙或是繁殖的需要,但這些故事,因能鼓舞人、感動人,早就成為一種文化因子,融化在中國人的血液裡了。

禹門渡　楊瑾／攝影

茅津渡

黃河渡口鐵碼頭

　　黃河三大古渡為風陵渡、禹門渡和茅津渡。位於平陸縣南四千米處的茅津渡設立最早，地位也最為重要。因為這兒是山西出入河南以及南方諸省的門戶，號為「三晉屏藩」。

　　在上古時期，茅津渡因其地勢險要成為歷代兵家必爭之地。西元前七世紀，晉國的兩次重要戰爭，假虞滅虢之戰和與秦國爭霸的崤之戰，晉國都是從茅津渡過河。而談到崤之戰，茅津渡的得名或許和這場戰役有關。崤之戰，晉國方面的統帥是先軫，他的弟弟叫先茅。兄弟兩人一起為晉國的霸業立下汗馬功勞，晉文公封先茅為大夫，封地叫「先茅之縣」，此處的要津渡口人們自然就稱為「茅津渡」了。

　　春秋戰國之後，隨著大一統帝國的形成，茅津渡在軍事上的意義逐漸被削弱，轉而成為黃河上重要的交通樞紐和商埠，晉南的鹽、煤、糧、棉都會通過此地向中原地區轉運，當地縣誌記載：「茅津地當水陸要衝，晉豫兩省通衢，冠蓋之絡繹，商旅之輻輳，三晉運鹽尤為孔道。」因此，黃河三大古渡，唯有茅津渡被稱為「鐵碼頭」，所謂「鐵」，取其永久、不改之義。

然而，隨著社會和經濟的發展，更先進和便利的交通方式出現，曾經繁忙的茅津渡現在已經沉寂下來，現在最吸引人的，又成了它秀麗的景色。平陸古八景，其中有「茅津晚渡」，當仲夏深秋之季，夕陽晚照，霞光順流而鋪，水天一色，令人心曠神怡，正如明代詩人王翰詩中所言：「宿雨乍收山積翠，夕陽倒射浪浮金」。

蒲津渡

大唐盛世的一個縮影

　　中國是橋的故鄉，也被稱為「橋的國度」，古代中國橋梁的建築藝術在世界上首屈一指，石橋、木橋、索橋、浮橋各種橋梁都有實例，而僅就浮橋來說，最著名的莫過於永濟市蒲津渡上的蒲津橋了。

　　蒲津渡，自古以來就是連接秦晉的要地，此處架設浮橋，最早能追溯到春秋時期。早先的浮橋都為木制，隨損隨修，等到唐朝，河東地區（即今山西）作為唐帝國龍興之地和主要的鹽鐵提供地，地位尤其重要，渡口所在蒲州還被設為中都，與西京長安、東京洛陽相提並論。為緊密河東和關中的聯繫，加強長安對河東地區乃至整個北中國的統治，唐玄宗李隆基令兵部尚書張說主持蒲津橋的改造工程。張說傾全國之力，將固定浮橋的木樁改為鐵牛，連接舟橋的竹索改為鐵鍊，以求牢固。

　　據考證，加上鐵山、鐵柱、鐵板、鐵錨等配件，所用之鐵，共一千一百多噸，相當於當時全國年產鐵量的五分之四。過了一千多年，世界文明發展到工業時代，英國人修建了世界上第一座鐵橋，費鐵也不過才四百噸。

金元易代之際，浮橋毀於兵火。後來政治中心東移北進，蒲州地位下降，蒲津渡漸至消亡。再後來，黃河河道忽左忽右，蒲津橋多次被淹沒，終至消失。二十世紀九〇年代，考古學家發掘出了鐵人、鐵牛各四尊，以及鐵山、鐵柱等物，得以重新構建出蒲津橋的原貌，但真正的蒲津橋該如何宏偉，蒲津渡又是何等盛況，只能靠想像了。

黃河大鐵牛　楊瑾／攝影

遺址遺跡

廣武漢墓群

塚中埋枯骨，深閨夢成人

　　山西是文物大省，地上不可移動文物占全國的七成之多。其實地下文物也非常豐富，「國保」（全國重點文物保護單位）裡，僅漢墓群就有離石馬茂莊、天鎮沙梁坡、陽高古城堡及廣武等多處，其中，廣武漢墓群又甚為特殊，與其他平民墓葬不同，它被視為漢代戍邊將士的集體陵園。

　　廣武是一個村名，在今朔州市山陰縣。但此處曾有過城池，歷史上有兩座廣武城，一座建於遼代，被稱為舊廣武城，在它東面二千米處是明代修建的新廣武城。

　　廣武漢墓群在廣武村北面，南北長三點五千米，東西長一點五千米，在這樣開闊的地面上，矗立著二百八十八個封土堆，有大、中、小三種，高的在十米以上，低的也有二米，多數在六米左右。

　　考古學家判斷他們是漢代戍邊將士集體墓群的依據，主要是廣武距雁門關僅十千米，一直處於中原王朝與遊牧民族戰爭的第一線，有史可考的戰事就有兩百多次。戰爭難免死傷，屍骨回鄉難以做到，只好就近掩埋。這樣集中、等級分明、排列規整的墓葬群也最有可能為

上下關係森嚴、極重視秩序的軍隊所有。有些學者進一步推測，封土堆普遍較高，按照漢朝禮制來說，甚至不會屬於普通士兵，所以叫戍邊將校墓更準確一些。但無論怎麼樣，只要是在此遊覽憑弔的人，面對著荒草離離中的墓塚，都會有一種悲涼、滄桑的感覺，一句唐詩脫口而出：「可憐無定河邊骨，猶是春閨夢裡人」。他們為保邊疆安定，埋骨於此，家鄉的妻兒也許還日日盼望他們回去呢！

也有些學者持反對意見，認為廣武方圓並非漢匈主戰場，出現大規模墓葬的可能性不高，而考古工作者曾搶救性發掘過其中十三座漢墓，但既非將校墓，也非士兵墓，而是一些富裕百姓的墓葬。這讓廣武漢墓群的屬性問題，至今籠罩著一層神秘的面紗。

當地百姓對廣武漢墓群還有個傳說，宋朝時楊六郎鎮守雁門關，為顯示兵精糧足而將封土堆打扮成糧倉模樣，讓遼人不敢起進犯之心，後人就將這些封土堆統稱為「謊糧堆」。

侯馬晉國遺址

趙簡子獲取忠誠靠發誓

晉國從周成王封叔虞開始，存在時間約七百年之久，國都有三個，侯馬新田為最後一個，從晉景公開始一直到晉國滅亡共二百零九年。

二十世紀五〇年代開始，中國開始了侯馬晉國遺址的考古發掘工作，發現多座東周古城城址、鑄銅遺址和墓葬，出土大量文物，其中最重要的是「侯馬盟書」。

當時諸侯或卿大夫為凝聚內部人心，共同打擊敵對勢力常舉行盟誓，活動結束後，將盟約寫在玉石片上，便是盟書。盟書分兩份，一份藏於盟府，一份埋於地下或沉入河中。侯馬晉國遺址共發現盟書五千餘份，字跡較清楚的有六百餘份，多數學者認為，這些盟書記載了晉定公正卿趙鞅主持的盟誓活動。

趙鞅就是趙簡子，當時晉國公室衰微，六卿掌握了國家權力，但六卿之間亦傾軋爭鬥，先是范氏和中行氏被其餘四卿吞併，接著智氏又被韓、趙、魏三家所滅，最後三家分晉，各自列為諸侯。發現的這批盟書，大多是趙鞅為應對外部壓力，與同宗以及投靠來的異性大夫

侯馬盟書　楊瑾／攝影

共同結盟，要求獲取他們無保留的忠誠，並以他們的生命、財產、家眷和封地為質，如果背叛，就會受到老天爺的懲罰。

今天看這些盟書，我們很容易能看到趙鞅的尷尬。理論上說，王權的象徵、天命的代表是周天子，各諸侯因周天子的分封而獲得統治的合法性，但周天子早就喪失了自己的權威，那些強大的諸侯沒人理會他的命令。而諸侯的卿大夫們也學著主公的模樣，不再將諸侯放在眼裡。但那些卿大夫依然有自己的家臣，當時流行的又是「人以國士待我，我以國士報人」的觀念，無條件的「忠君愛國」遠沒有如同後世一樣天經地義，如何保證他們的忠誠，避免自己像主公一樣成為傀儡，是他們最頭疼的問題。盟誓——說白了就是兒戲一般的賭咒——

成為選擇之一。

盟誓的效果怎麼樣不好說，我們只能知道，到趙鞅兒子趙毋恤接任後，還在處心積慮地提高臣下的忠誠度。晉陽之戰後，他評定功勞，認為一個叫高共其實沒出什麼力的人是首功，原因僅僅是在形勢危急的時候，高共依然對他恭恭敬敬。

襄汾丁村遺址

證明中國人的祖先就是黃種人

我從哪裡來？這是人類的終極問題。

關於人類起源，世界上有一元說和多元說。一元說認為非洲猿人是全人類共同的祖先，但中國的學者認為中國大陸也是人類產生和進化的地方，但這一觀點在很長時間內得不到考古學界的證據支援。

一九五四年，由古人類學家賈蘭坡帶隊，中國科學院古脊椎動物與古人類研究所和山西文物管理委員會對襄汾丁村遺址進行了首次發掘。這是新中國成立後首次用中國自己的科學家、自己的經費自主發掘、自己研究的考古活動，是中國舊石器考古里程碑的一步，此次發掘首次發現了古人階段（早期智人）的化石。

一九七六年八月，又進行第二次發掘，發現了一塊幼兒頂骨化石，頭骨上有塊「頂枕間骨」。

這種特殊的骨頭，在白種人中很罕見，但在黃種人中卻占很高的比例，它填補了中國人類發展史中期人類化石缺失環節。當時，如果沒有丁村遺址的發現，中國大陸上，人類發展的譜系就連不起來，所

以才會有外國專家的「中國文化西來說」。有了丁村人的發現，從猿人到現代人，中間有十幾萬年前的丁村人，聯結完整，這證明了中國大陸是產生人類、進化人類的地區，證明中國人的祖先就是黃種人。

這樣的發掘在「文革」時期進行，殊為難得。當時儘管各地都在「破四舊」，但襄汾縣革命委員會專門發布了《關於保護文物的公告》，這是山西的唯一一份，在全國也屬罕見。

一九八五年，丁村建成全國首個漢民族民俗博物館。

襄汾陶寺遺址

時間從這裡開始

　　丁村人的發現，意味著中國大陸是產生人類、進化人類的地區。隨著人類的繁衍生息，自然就會有文明的誕生。二十世紀七八〇年代和二十一世紀初，又是在襄汾縣，考古學家在陶寺村經過兩次發掘，揭開了一個遠古城邑的神秘面紗。

　　二十世紀七八〇年代，陶寺遺址的居住區和墓葬區被揭露。二十一世紀初，確定了陶寺文化的城址。兩次發掘，成果驚人，考古學家認為，這已經不是原始社會的部落遺址，更像是一個城市的形態，甚至有可能是一個國都級別的城市。

　　說陶寺有可能是國都遺址，最主要是古觀象臺的發現。二〇〇三年，古觀象臺被發現，它由十三根夯土柱構成，呈半圓分布，半徑十點五米，弧長十九點五米，通過土柱縫隙觀測對面的塔爾山日出方位，確定季節和節氣，比如從第二個縫隙看到日出，就為冬至。這個發現和《尚書》〈堯典〉中堯任命羲和觀測天象，確定曆法以助農耕的記載可以互相印證。

　　曆法的意義，就在於人類超越了日升月落、季節交替這些自然的

時間流逝，為時間確定了尺度。有了時間，才會有歷史，文明的意義才得以彰顯，其重要性，不亞於對火的利用，而有資格確定時間，正是王權的象徵之一，所以，陶寺遺址甚或可能是堯帝都城所在。

陶寺遺址還有其他重大發現，比如最古老的文字、最古老的樂器、中原地區最早的龍圖騰、世界上最早的建築材料板瓦，以及黃河中游史前最大的墓葬。

說到陶寺遺址的墓葬，意義也非常大。一千多座墓葬裡，有九座大墓，隨葬品非常精美，包括象徵王權的玉斧，近百座有隨葬品的中型墓葬，以及沒有葬具和隨葬品，但占整個墓葬百分之九十的小型墓。這表明，原始社會氏族成員之間已經有高低貴賤的區別，等級制度已經產生。這也是判斷國家形成與否的重要依據。

平陸虞坂古道遺址

三千年一條運鹽路

　　「假虞滅虢」、「唇亡齒寒」、「伯樂哭馬」，這幾個成語現在婦孺皆知，但如果說，這幾個成語和一條路緊密相關，可能知道的人就少了。

　　虞，是周朝的一個諸侯國，首位國君是周文王叔叔仲雍一脈的後裔虞仲，地處今天山西平陸西北。虞國並不大，但位置卻特別重要，它控制著運城鹽池所產鹽往中原販運的重要通道。這條路，就被稱為虞坂，或者叫鹽坂。

　　虞坂古道長八千米，北起現運城市鹽湖區東郭鎮中條山北麓的磨河村，南至平陸縣張店鎮中條山南麓的卸牛坪村，連接著鹽池和茅津渡。整條路都在中條山山間，崎嶇難行。但因為要運送鹽這種古代國家最重要的戰略物資，所以被古人不計艱險開鑿出來。

　　虞坂古道開鑿於何時，現在已無法考證，有人說是舜帝、大禹，也有人說是商王武丁。鑑於商朝時國家已形成，可以集中力量進行這項在古時可堪浩大的工程，所以武丁開鑿更有可能。或者說，虞坂古道其實是許多國家、王朝在幾千年間共同完成的一個壯舉。距離現代

最近的一次整修是在明朝正德年間。

虞國因為佔據了這條運鹽的道路，所以十分富庶，國君也沾沾自喜，安然享受地利帶來的好處。伯樂哭馬，就是源自虞君想要一匹好馬，請伯樂尋找，伯樂在虞坂古道發現一匹千里馬正在運鹽，飽受折磨。安逸中的虞君渾不知他早就被鄰國晉國所覬覦。晉國送了許多珍玩玉器、美人名馬給虞君，並說想借虞坂古道去討伐虢國（也是平陸附近的姬姓諸侯國），虞君被小利所迷惑，忠臣宮之奇用「唇亡齒寒」的比喻勸誡他也聽不見去。終於晉國在滅了虢國之後，順道就滅了虞國，虞坂古道的好處，從此全部被晉國享有。

虞坂古道一直使用到抗日戰爭時期，日軍為發動中條山戰役，繞開這段險峻的鹽路，重修了從運城到平陸的公路，虞坂古道才逐漸沉寂下去。

芮城西侯渡遺址

人類最早使用火的地方

中國人認為的人文始祖為三皇：燧人氏、伏羲氏和女媧氏。燧人氏之所以能位列第一，是因為傳說中，他是鑽木取火的發明者。有了火，人類不再茹毛飲血，從此告別蒙昧，走向文明。

傳說暫且不論，考古發現表明，人類在一百萬年前，就能有控制地使用火了。而芮城西侯渡遺址中的發現，更把人類使用火的時間，推到了一百八十萬年前。

西侯渡遺址位於芮城風陵渡鎮北，一九五九年首次被發現。古人類學家在這裡發現了三十餘件石器，是中國舊石器時代早期比較典型的代表，同時，在遺址文化層中還發現一批特殊的化石標本，顏色有黑、灰和灰綠幾種，大多是哺乳動物的肋骨、鹿角及馬的牙齒。化驗結果表明，其中大部分標本是用火燒過的，地磁測定其地質年代為一百八十萬年前，目前，世界上其他國家還沒發現過如此古老的燒骨。

西侯渡遺址的發現，也為「山西是華夏文明起源地」提供了有力的證據，西侯渡、丁村、陶寺，以及夏縣東下馮遺址、垣曲寧家坡遺址、沁水下川遺址等這些不同時期的文化遺址，表明山西的文明薪火相繼，傳承從未斷絕。

古堡名樓

張壁古堡

十千米地道別有洞天

　　張壁這個名字對於許多人來說，或許有些陌生。這個神秘的城堡式村落，遠不及臨近的綿山和王家大院那樣聲名顯赫，吸引不了人們關注的目光。其實，見證了歷史滄桑的張壁古堡，積澱了極其深厚的歷史文化，它就像一部厚重的史書一樣，向世人訴說著古老的故事。

　　張壁古堡一般被認為建於隋末唐初，但也有人認為始建年代在南北朝時期。隋末唐初，介休地區為劉武周和李世民交戰的重要地點。劉武周手下大將尉遲恭駐守介休，也許看中了張壁所在三面溝壑，一面平川，易守難攻的地理條件，所以才修築了古堡作為長期抵抗所用。

　　古堡面積並不大，但古堡、民宅、樓閣、廟宇一應俱全，尤其是「地上明堡，地下暗道」，設計精密，別有洞天，令人歎為觀止。

　　張壁古堡地下暗道總長十千米，分上下三層，雖因地震、水澇或者人為損壞，已無法得見全貌，但僅現存住人的窯窟、餵馬的石槽、存糧的洞穴、精巧的機關乃至水井、燈洞、通訊孔，都可以讓人想像

張壁古堡　梁銘／攝影

一千多年前古人的智慧。二○○五年，張壁古堡被中央電視臺評選為
「中國十大魅力古鎮」之一。

沁河古堡群

見證舊時土豪實力

明清易代之際，災荒連年，流民四起，天下大亂，官府圍剿，往往有心無力，地主富戶為了自保，就築堡自防。山西在明朝時期，就以富足聞名，尤其沁河流域，簪纓世家、貨殖豪族屢見不鮮。因此，當時所修的宅院、村落，無不以防禦為先，因這樣的特點，在現今統一被稱為沁河古堡群。

沁河古堡群，有十餘處，分布於沁水、陽城數十平方千米的土地上，郭壁、竇莊、湘峪、砥洎城和郭峪等現在保存尚算完好，河山樓所在的皇城相府也是其中之一。

以位於陽城縣潤城鎮的砥洎城為例，城內民居林立，商鋪遍布，無異一繁華小鎮，在建城選址時，卻三面環水，不能說交通便利，而城牆普遍在十米以上，最高處有二十米，顯然優先考慮的就是防禦功能，即使是民居，它的巷道也和城牆一起被納入防禦體系。若有作亂，城門一封，則自成一體，頗為難攻。

潤城鎮以冶鐵業知名，砥洎城亦以此而富。冶鐵業剩餘的廢料坩堝，又堅固，又便宜，成為築牆的絕好材料，也是砥洎城的一大特

色，如今城牆內側，可以清晰地看到與石條混砌的特殊結構，那密密麻麻、整整齊齊排列的坩鍋，被稱為「蜂窩城牆」。

郭壁、竇莊等亦各有特色，以富庶而論，民間有「金郭壁，銀竇莊」的諺語；以建築而論，湘峪的高達五層的鏡面式住宅，是目前中國北方保存最好的明代高層民居建築，且這種耳房高出正房一層的「雙插花院」吸取了西方建築的特點，在明代以前的傳統建築中很少見到。

代縣邊靖樓

萬里長城第一樓

　　山西代縣城外有一座雄關——雁門關，是長城第一關；城裡有一座譙樓——邊靖樓，是長城第一樓。

代縣靖邊樓　梁銘／攝影

譙樓，是建在古代城門上用以高望的樓。譙，通「瞧」，就是瞭望的意思。樓內一般還會設鐘、鼓以為示警之用，所以，代縣的邊靖樓，也叫鼓樓。

　　邊靖樓由兩部分組成，下層的磚砌臺基和其上的三層樓閣，總高四十米，大約相當於現在的十層樓高，在古代那種建築條件下，可以說是巨構宏築了。樓共懸掛三塊匾，南面是雍正年間的「聲聞四達」和道光年間的「雁門第一樓」，北面是雍正年間的「威震三關」，「聲聞四達」與「威震三關」，各長八米，寬三米，被稱為「亞洲第一巨匾」。

　　邊靖樓是明朝洪武初年在吉安侯陸仲亨的主持下修建的。陸仲亨現在名聲不顯，但他是一位在《明史》〈功臣世表〉中排第九的開國名將。陸仲亨十七歲就跟上了朱元璋，是朱的老班底，朱元璋視之為「腹心股肱」，但後來因牽連進「胡惟庸案」被殺。朱元璋說，我老是奇怪他身居高位還面帶憂色（原來是想造反啊）。

　　但是，現在看，朱元璋收拾老兄弟、老功臣，應是明初的基本政策，在被殺前，陸仲亨已經數次被責罰貶黜。修建邊靖樓，就是在其由同知襄陽都督府事被貶為指揮使（相當於從軍區司令降級為縣武裝部部長），在代縣負責捕盜時所為。陸仲亨在代縣待的時間並不長，可還是修邊靖樓，築雁門關，鞏固了明帝國邊防，滿是忠君報國的樣子，說他一直「圖謀不軌」，只能說是欲加之罪，他的憂色，也許是對莫測命運的擔心。

介休祆神樓

謎一樣的祆教謎一樣的樓

明教，也稱摩尼教，這樣一個發源於古波斯，早就消亡的宗教，卻因為金庸的武俠小說《倚天屠龍記》而頗為著名。可惜的是，《倚天屠龍記》畢竟是小說家言，真要找明教遺存，哪怕你找遍傳說中明教總舵所在地的崑崙山也不可能。如果牽強地攀扯一絲半絲關係，倒不如去介休看看祆神樓。

祆神樓現在位於介休市三結義廟內。三結義廟，指的是劉關張桃園三結義，建於明朝萬曆年間，清康熙間重修，但廟內的祆神樓，最晚也是宋朝的孑遺存。或許，三結義廟應稱為祆神廟才是。

據廟中碑刻記載，祆神廟是北宋宰相文彥博主持修建的。明朝嘉靖年間毀天下淫祠（非官方認定的祠廟統稱淫祠），祆神廟因其外來身分，也在其列。當地地方官卻因為崇拜文彥博的關係，只將廟內神靈換成劉關張，祆神樓才得以保留，如今祆神樓屋脊上有許多造型各異不類傳統的雕塑、雕刻，都被認為是祆教遺存。

然而文彥博修廟的傳說又和祆教關係不大。文彥博去貝州（今河北邢臺市清河縣）平王則叛亂時，戰事不利，幸得白猿相助才得以功

成，感懷之下，就在自己家鄉文氏宗祠旁修建了廟宇來紀念，人稱元（猿）神廟。可是祅神和猿神，兩者有何關係，更何況作為一代名臣儒宗，文彥博修文廟還好理解，為什麼會崇拜一個舶來宗教乃至山精野怪，這不科學啊。總之，這個祅神樓就和祅教一樣，成為歷史上一個謎一樣的存在。

陽城河山樓

建樓只為庇護鄉親族人

　　中國古建築的一大特點，就是美學意義、實用意義和政治意義常常能達到統一，單純地追求美觀並不是修造者的目的。即以樓閣而言，若非需要，也不儘然要修造得高大無比。但陽城縣皇城相府裡的河山樓，至今周圍也沒有比它更高的建築了。

　　樓以「河山」為名，取「河山為圍」之義，盡顯雄闊。然而，究其修建目的，卻是有無限苦衷。樓建於明末，因康熙年間一代名相陳廷敬而有的「皇城相府」還未見其完整形貌。但在當時，陳家已是當地望族。明末流民四起，為庇護族人鄉民，陳昌言、陳昌期、陳昌齊兄弟三人合力建造了此樓——陳昌期便是陳廷敬的父親。

　　因這樣的目的，所以河山樓和中國所有景觀內的樓閣都呈現出不一樣的面貌，它並不美觀，也不輕盈，而是結實、厚重的，能令居住者感到安心、可靠，也令敵人感到凜然不可侵犯，和附近的豫樓倒是異曲同工。

　　樓有七層，高三十多米，比現在七層的樓房還要高。因為是防禦性的建築，所以三層以下連窗戶也沒有。即使是三層以上，相對中國

傳統的樓閣建築，窗戶也非常狹窄，為防止攀登，甚至連圍欄也沒有，只有在最高處，才有垛口和堞樓以供瞭望敵情，所以文人騷客大概也不會有憑欄賦詩的興致。樓主人的想法，第一是安全，第二還是安全，永遠是安全。

這樓內，總共能供千人居住，水井、碾磨、糧倉等生活設施靡不齊備，就是敵人長期圍困，也能保無虞。事實也正是如此，樓尚未完全建成，就被流寇圍困數次，前後十個月，近千人躲入樓中，安然避過兵禍。

萬榮秋風樓

一首《秋風辭》，不讓《大風歌》

西元前一一三年，即漢武帝元鼎四年，那一年發生了很多對以後中國歷史影響深遠的事。比如，從那一年開始，開始用年號紀年；比如，第一個國家鑄幣廠設立；再比如，漢武帝第一次祭祀后土。

所謂封禪，封是祭天，禪是祭地。祭天在泰山，祭地卻在汾陰（今萬榮縣）。這一年秋天，司馬遷的父親、太史令司馬談建議漢武帝去汾陰祭祀后土，並立后土祠。而緣何要在此祭祀后土，據傳說，此地是后土聖母女媧的故里。自漢武帝之後到北宋，歷代帝王於萬榮祭祀后土成為傳統，一直到明清，才改在北京地壇祭祀。

這一年十月，漢武帝率百官群臣去汾陰祭祀后土，泛舟汾河之上，觸景生情，因作《秋風辭》：「秋風起兮白雲飛，草木黃落兮雁南歸。蘭有秀兮菊有芳，懷佳人兮不能忘。泛樓船兮濟汾河，橫中流兮揚素波。蕭鼓鳴兮發棹歌，歡樂極兮哀情多，少壯幾時兮奈老何。」這首詩和漢高祖劉邦的《大風歌》，豪邁或有不如，但曲折婉轉，也別有意趣，在歷代的帝王詩中，算是十分出色的。因而，就在后土祠內將詩刻石建樓而立。樓因辭而得名，為「秋風樓」。現在樓

內有兩塊鐫刻著《秋風辭》的石碑，一塊是元朝至元年間的，另一塊是清朝同治年間的。

秋風樓高三十二點六米，相當於現在的七八層樓。歷代屢次修葺，現存為清朝同治九年（1870）的遺物。

萬榮秋風樓　李廣潔／攝影

萬榮飛雲樓

登樓可期上青雲

萬榮有句俗語：「解店有座飛雲樓，半截插在雲裡頭」。萬榮，素來以笑話出名，可見此鄉風土喜諧謔，好談笑。所謂「半截插在雲裡頭」，有些誇張了。因這飛雲樓，高不過二十多米，比同在一縣的秋風樓要低很多。但是也不能說沒道理。在過去，飛雲樓坐落在城中，周圍都是平房，天氣若好，遠在大路上也能見到它挺拔矗立，給人的直觀感受自然是高聳入雲。

事實上，飛雲樓如今的珍貴之處並不在於它的高低，而是在營造上頗有獨到之處。一是，樓形制外觀三層，實為五層，進去之後，別有洞天；二是飛雲樓是純木結構建築，全為榫卯套之，沒用一個鐵釘，在中國樓閣式建築中非常罕見，和應縣木塔等量齊觀，被稱為「南樓北塔」；三是樓體量雖不大，但結構複雜，四層屋簷、十二個三角形屋頂側面、三十二個屋角，三百四十五組斗拱，如鮮花簇擁，又似雲聚升騰。飛雲樓得名，也許就因為此。

飛雲樓始建約在唐代，屢次修葺，現存樓體是明代正德年間所建。相傳唐初武德二年（619），李世民率師平叛，逼近龍門關，途

經萬榮，為炫耀武功，就在駐兵地張甕、解店和古城各建樓一座。張甕和古城的樓現已不存，唯飛雲樓至今矗立。

考諸唐史，李世民確實於當年率軍來此，與盤踞并州的劉武周作戰，並接連取得柏壁（今新絳西南）之戰和雀鼠谷（今介休西南）之戰的勝利，一舉肅清了劉武周的勢力，為唐的統一奠定了基礎，使得唐帝國和李世民本人，形成青雲直上之勢，再非人力所能遏止。飛雲樓，更有可能是這層含義。所以，來萬榮縣旅遊，不登飛雲樓，這樣的口彩去哪裡去找？

永濟鸛雀樓

軍事瞭望哨，詩人吟詠地

　　中國傳統所說四大名樓，為黃鶴樓、岳陽樓、滕王閣和鸛雀樓，但二十世紀九〇年代發行的《中國歷史名樓》特種紀念郵票，卻少了鸛雀樓，增補進了蓬萊閣。本來永濟市的鸛雀樓以其悠久的歷史和豐厚的文化韻味能夠當之無愧地入選，但就因為當時毀棄已久，故址不存，連圖樣都無法選定，故遺憾落選。二十世紀九〇年代，在黨和國家領導人的關懷下，鸛雀樓得以重建，稍稍彌補了這個遺憾。

　　鸛雀樓初建於北周，因常有鸛雀棲於樓上，故而得名。它能夠屹立於黃河岸邊，並非為遊客登臨賞景，而是緣於當時北周、北齊對峙，蒲州（今永濟市）為北周所有，平陽（臨汾）以東為北齊所據，北周宰相宇文護遂於蒲州城西北門外建高樓以作軍事瞭望之用。

　　隋唐五代，迄自宋遼，鸛雀樓軍事用途漸漸消失，成為文人騷客賦文詠詩的勝地，最有名的當然是王之渙的《登鸛雀樓》：「白日依山盡，黃河入海流。欲窮千里目，更上一層樓。」而李益的《登鸛雀樓》：「鸛雀樓西百尺檣，汀洲雲樹共茫茫。漢家簫鼓空流水，魏國山河半夕陽。事去千年猶恨速，愁來一日即為長。風煙並起思鄉望，

遠目非眷亦自傷。」也是千古絕唱。還有暢當的《題鸛雀樓》:「迥臨飛鳥上,高出世塵間。天勢圍平野,河流入斷山。」足可與前兩首詩鼎足而立。

　　鸛雀樓毀於金元易代之際。興於軍事,毀於兵燹,讓人喟歎歷史的宿命。二○○二年,新建的鸛雀樓開始迎接海內外遊客,成為中國最大的仿唐式建築,也是唯一採用唐代彩畫藝術恢復的古代建築。

永濟鸛雀樓　梁銘／攝影

寺院高塔

太原晉祠

叔虞去哪兒了

　　山西省簡稱晉，得名自春秋時諸侯國晉國。晉國第一位君主是叔虞，為晉國疆域的開發和擴大做出了突出的貢獻，他的後人就在太原市西南懸甕山下、晉水旁修建了叔虞祠，亦名晉王祠（新中國成立後，有領導人認為現在已無王侯將相，而是人民當家做主，皇家的園林也應交與人民，所以去了「王」字，稱為晉祠）。歷代擴建之下，成為一個有寺觀、有塔廟、有樓閣、有園林的龐大建築群。

　　晉祠有三絕，分別是聖母殿的彩塑侍女像、難老泉和周柏唐槐。

　　聖母殿是晉祠的主要建築，原先裡面供奉的是叔虞，宋朝時改為供奉他的母親、周武王的妻子、姜子牙的女兒邑姜，反而把叔虞封為「汾東王」，將其轉移到旁邊的偏殿裡。漸漸地，世人幾乎忘記了叔虞才是晉祠最主要享受祭祀的人。這番變化，據說是宋朝皇帝在晉陽被火燒之後想斷絕晉人的反抗心的念頭，因為紀念叔虞，勢必會引起晉人的故國之思，所以「唐」「晉」的色彩要竭力淡化。

　　聖母殿裡的聖母像及彩塑侍女像，共四十四尊，聖母像端莊肅穆，侍女們則神態動作各異，表現了青年女子青春活潑的氣質。這些

塑像都是宋朝修建時聖母殿的作品，有著明顯的生活化風格。

難老泉出自懸甕山岩石斷層，泉水清澈，長流不息，取《詩經》中「永錫難老」之義命名（錫，通賜。意思是得到賜福，永遠不老），唐朝大詩人李白詩中有「晉祠流水如碧玉」，說的就是難老泉。難老泉上有座橋，名為魚沼飛梁，「魚沼」，其實就是魚池，在古代，圓形的水池為「池」，方形的則為「沼」，「飛梁」，則是說這座橋形狀是十字形，好像展翅欲飛，這樣形制的橋是全國古橋中的孤例。

周柏唐槐，位於聖母殿左側的周柏，是北周時所植；唐槐在關帝廟裡。兩樹經歷了一千五百多年的風雨，依然鬱鬱蔥蔥，無言地看著晉祠從王室祠堂、權貴園林到人民公園、旅遊勝地的轉變。

大同雲岡石窟

爺爺滅佛，孫子鑿石窟

　　中國有四大石窟，分別為敦煌的莫高窟、洛陽的龍門窟、天水—麥積山石窟和大同的雲岡石窟。雲岡石窟，一九六一年被評定為全國重點文物保護單位，二○○一年成為世界文化遺產。

　　雲岡石窟開鑿於北魏文成帝時期。北魏太武帝曾下詔滅佛，他死後，孫子文成帝即位。為懺悔祖父毀佛之過，同時為祖先祈福，文成帝就請高僧曇曜主持開鑿石窟，雕刻佛像。而經歷了佛難的曇曜也有將經像法物長久保存，使佛教少受政治風波影響的想法。於是，就在大同附近的武周山開始興建這一浩大工程。

　　曇曜開鑿的是如今雲岡石窟的十六窟至二十窟，窟內五尊主佛，相傳依照北魏前五位皇帝的形象雕刻，分別為道武帝、明元帝、太武帝、景穆帝和文成帝。然而佛像和皇帝怎麼對應，歷來都有爭論。北京大學考古文博學院的杭侃教授根據現場調查和文獻記載認為，曇曜五窟應該是「按世俗的昭穆制排列」，意即輩分最大的居中，子孫再依次左右排列。但這五個洞窟的中心並不是第十八窟，反而是十九窟。因為第二十窟在開鑿後不久坍塌，所以無法在其西面再開新的洞

窟，不得不在東部，即第十七窟外面開十六窟。第十九窟主尊代表開
國皇帝道武帝拓跋珪，第十八窟是第二代明元帝，第二十窟代表第三
代太武帝，第十七窟的交腳菩薩代表太武帝之子，尚未即位就死去的
景穆帝，第十六窟為當時在位的第四代文成帝。十六窟主佛像臉上和
足部有黑石，據說就代表著文成帝身體同樣部位上的痣。

　　曇曜之後，孝文帝遷都之前，北魏國力強盛，是雲岡石窟開鑿的
鼎盛時期，開鑿了十餘窟。皇家營造的石窟到此全部完成。且相較於

雲岡石窟　王彥軍／攝影

早期的曇曜五窟，風格工整華麗，從洞窟形制到雕刻內容和風格均有明顯的漢化特徵。

　　孝文遷都後，親貴、官吏、富戶繼續開鑿，但都是中小型洞窟，一直延續到孝明帝時期。

大同華嚴寺

遼金皇室家廟

　　希臘米洛斯島上發現的「斷臂維納斯」像，幾乎定義了人體美的標準，現收藏在法國羅浮宮博物館，為該館鎮館之寶。在中國，有一尊塑像，因其同樣高超的藝術水準，被稱為「東方維納斯」，那就是樹立在大同市下華嚴寺薄珈教藏殿內，合掌露齒微笑的遼代泥塑脅侍菩薩像。這尊造像臉型優美，體態生動，二十世紀六〇年代郭沫若參觀華嚴寺時，將其稱為「東方維納斯」。

　　華嚴寺是遼金華嚴宗重要寺廟，裡面還供奉著遼代諸帝王的石像、銅像，實際上是一座皇家寺廟，所以，和大多數寺院坐北面南不同，它是坐西面東，學者猜測，應與遼代契丹族信鬼拜日、以東為上的特殊習俗有關。

　　華嚴寺建成百年後，毀於兵火，金、元、明、清屢次重修。明朝時分成上下華嚴寺，以大雄寶殿為中心的，被稱為上華嚴寺，以薄珈教藏殿為中心的，被稱為下華嚴寺。薄珈教藏殿，意思就是儲藏佛經的地方，是華嚴寺唯一遼代建築。殿內四周，依壁設置了重簷式壁藏三十八間，分作兩層，上層為佛龕，下層為經櫥，保存明清佛經一點

八萬餘冊。正壁設天空樓閣五間，為遼代木結構建築的典型楷模，梁思成譽為「海內孤品」。

　　華嚴寺內還有一座木塔，規模僅次於應縣木塔。塔下有五百平方米地宮，用一百噸純銅打造，裡面供奉佛祖舍利及千佛雕像，金光璀璨，亦是華夏之最。

渾源懸空寺

全球十大最險建築也要數它險

二〇一〇年，美國《時代》週刊評選「全球十大最險建築」，中國大同市渾源縣懸空寺入選其中，且在很多人看來，「最險」之中，懸空寺可以當之無愧地排到第一。別的建築，雖然險峻，尚有地方可供修建，懸空寺卻是用十數根梁柱借助突出的岩石「托」起來的，遠遠望去，不似一座廟宇，反而像鑲嵌於山石上的壁畫。

懸空寺建於北魏太和年間，雖名為寺，但實際上卻是儒釋道三教合一的建築。當時北魏皇帝特別崇敬道士寇謙之，而寇謙之有遺願，希望建立一所「上延霄客，下絕囂浮」的寺觀。於是，他的弟子在他死後，精心選址，巧妙施工，並吸收了當時另一位為著名道士陶弘景三教合一的思想，興建了該寺，命名為玄空閣（玄是道教的慣用說法，空則屬於佛教的教義）。現在懸空寺內最高處為三教殿，裡面就供奉著釋迦牟尼、老子和孔子這三位分屬三教的聖人。

懸空寺建成已有一千五百多年，至今保存完好，原因之一是三教合一的性質，使得不論在信奉哪種宗教的皇帝統治下，都能得到保

護，避免了政治風波的衝擊，更重要的原因是它本身奇妙的特色。它「懸」在石壁中，且上有石岩遮擋，既避免了雨水沖刷，也減少了日照時間，自然延長了建築的壽命。

渾源懸空寺　劉玉軍／攝影

五臺山顯通寺

五臺山所有寺院之祖

　　中國四大佛教名山之首是五臺山，如今為五臺山佛教協會認可的寺院就有一百二十多座，自發修建或者歷史恢復的寺院還有二百多座，在這三百多座寺院裡，顯通寺當之無愧是第一。

　　說顯通寺是第一，並不僅僅是因為它占地最廣，規模最大，更重要的是，一直以來，人們就視顯通寺為五臺山寺院之祖。佛教傳入中原地區，標誌性的事件是東漢永平十年（67），兩個天竺僧人迦葉摩騰和竺法蘭，受漢明帝之邀，白馬載經來到洛陽。而在第二年，這兩位高僧就來到五臺山，修建了寺院，名為大孚靈鷲寺——孚者，信也；靈鷲，是佛祖釋迦牟尼說法之地。後來靈鷲寺曾改名花園寺、大華嚴寺，明初，寺院又得以修葺，明太祖朱元璋親自賜額「大顯通寺」，遂沿用至今。

　　兩千多年的一座寺院，悠久的歷史給它遺留下豐厚的遺產。在顯通寺，如唐代遺留龍形虎形碑，如康熙御筆碑刻，如藏經樓內有北魏時期銅鑄的旃檀佛像，如明代人繪製在菩提樹葉上的十八羅漢像……而最為珍貴的，是兩座殿，一座是無量殿，取佛法廣大無量之義，但

實際上，也是說這座外面看七間兩層，裡面看五間三層的大殿通體無梁；另一座是銅殿，萬曆皇帝為其母祈福，委託高僧妙峰所鑄，殿高八點三米，寬四點七米，入深四點五米，用銅十萬斤（500噸）。這樣的銅殿原先全國共有三座，其餘兩座分別在浙江普陀山和四川峨眉山，但都不及這兩座，峨眉山的那座還不幸毀於兵火。

五臺山清涼寺

順治為何在此出家

　　五臺山清涼寺並不在寺院彙集的臺懷鎮，而在距離鎮上十五千米清涼谷中的旅遊公路邊上。這是一座很有名氣的寺院。拜金庸和梁羽生兩位武俠小說巨匠所賜，他們大力渲染了順治皇帝在五臺山清涼寺出家的民間傳說，讓這座寺院比大多數五臺山寺廟都要有名。今日去了寺中，遊客還能見到順治皇帝的畫像和一首古詩《順治皇帝歸山辭》，詩中說：「我本西方一衲子，因何落在帝王家」。

　　然而，民間傳說儘管多屬杜撰，需要注意的是，捕風捉影也得有風可聞，有影可見。為何民間傳說順治要在清涼寺而非別的寺院出家呢？清涼寺在五臺山幾百座寺院裡，規模並非最大，修建並非最早，信眾亦並非最多。

　　深入了解清涼寺歷史，就會知道民間傳說依然有其合理性。清涼寺建於北魏孝文帝時期，在五臺山諸多寺院中非常特殊，從唐到清歷代許多帝王如武則天、唐玄宗、宋仁宗、明神宗、清聖祖、清世宗、清高宗等重視異常，唐朝的僧正司、明朝的僧會司，這些管理五臺山佛教事務的機構都設在該寺，五臺山鎮山之寶、北魏孝文帝所鑄「鎮

風金印」原先也藏在該寺，這些奠定了清涼寺的歷史地位。作為帝王，順治選擇在清涼寺出家，與其身分是相稱的。

再往深裡探究，歷代帝王重視清涼寺也非無因。五臺山，古名清涼山，在佛經中明確記載，佛祖明示，清涼山是文殊菩薩道場，在他滅度後，文殊菩薩將在五臺山「遊行說法」。而清涼寺，寺以山名，寺中還有文殊菩薩演法聖跡「清涼石」，這些又成為清涼寺被世人乃至帝王特別注意的內在緣由。

五臺山佛光寺

梁思成林徽因夫婦發現唐代古建築

中國古代的建築多為木質結構，歷史上那些著名的宏偉殿堂，總是一次又一次毀於兵燹火災，十不存一。近代有日本學者說，中國已經沒有唐以前的木建築，要看，只能到日本的奈良去。

中國的學者並不相信在廣袤的華夏大地上，歷史風雲真的能抹去所有的痕跡。一九三七年，梁啟超先生之子、中國建築學先驅梁思成和他的夫人林徽因，在法國一位漢學家描述敦煌壁畫的書上，看到唐朝時五臺山的全景圖像，偏遠的佛光寺就這樣進入了他們的視野。

當年六月，梁思成夫婦來到這座佛光真容禪寺，僅憑外貌，梁思成就斷定，這是唐代建築無疑。而且，寺內雕塑都有明顯的晚唐風格。後來，又經過數次考察，更多的證據被發現，尤其在大樑上，發現了一行字，「佛殿主上都送供女弟子寧公遇」，而「寧公遇」，這個名字，作為寺院的出資修建者，也出現在寺院外的石幢上。這座石幢，製造的年代，是唐大中十一年（857），兩相對照，佛光寺大殿建於唐代無疑。消息一經傳出，雖然正逢七七事變，但依然引起轟動，尤其是日本學者，他們曾考察過佛光寺，但卻與這個重大發現擦

肩而過。

　　後來，中國考古學家又發現了建於唐建中三年（782）修建的五臺山南禪寺大殿、重修於唐大和六年（832）的芮城廣仁王廟和唐天祐四年（907）的平順天臺庵，建造時間比佛光寺大殿或有早晚，但梁思成和林徽因夫婦的啟發之功卻不可沒，他們對於佛光寺大殿「中華第一國寶」的評價也不會隨時間流逝而改易。

運城關帝廟

關羽戰蚩尤，神聖之路從此始

戰爭伴隨著人類社會發展始終，在世界各大文明的信仰系統中，戰神都是最主要的神祇。在中國，上古時期為蚩尤，後來為扶周滅商的姜子牙，再後來，就是關羽。

關羽是三國時期名將，死後逐漸被神化，成為武將的楷模，忠義的化身，被上到帝王下到黎庶所尊奉，不僅是和文聖人孔子比肩的武聖人，也是佛教、道教的護法神，還是商人、員警、幫會會眾、剃頭匠、釀酒業等許多行業的保護神和祖師爺。過去有句俗語，叫「縣縣有文廟，村村有關廟」，現在據不完全統計，全世界有一百六十八個國家和地區有關帝廟，可見信仰廣泛。

運城解州是關羽的故里，所以，此處的關廟，亦被稱為「關廟之祖」、「武廟之冠」，關羽祖宅、祖塋亦在附近。

解州關帝廟初建於隋朝，那時關羽的地位還沒有後來那麼高。宋朝大中祥符年間是歷史上首次由皇帝下旨修建解州關帝廟。從此以後，歷朝統治者無不重視，每每擴建整修。清朝康熙年間被火燒壞，經過十餘年時間才修復如今日所見，所以廟中牌匾，都是清康熙後的

遺物。

　　說起宋朝皇帝修關廟，還有一個兩代戰神相爭的故事。解州以產鹽聞名，有一年突然產量減少，有道士說是蚩尤為患，建議皇帝請關羽下凡。或許是欲為故鄉造福，或許是新一代戰神要踩著舊戰神上位，關羽果然下凡平息了蚩尤之患，鹽池水滿如初。皇帝大悅，為關羽修建了座「宏麗甲於天下」的大廟，還將他封為崇寧真君。關羽在清朝光緒年間，成為「忠義神勇靈佑仁勇威顯護國佑民精誠綏靖翊贊宣德關聖大帝」，但「崇寧真君」卻是他由人而神、而聖的開始。

運城關帝廟　李廣潔／攝影

芮城永樂宮

修建了百多年的全真祖庭

中國道教，主要分為正一道和全真道。全真道至少在中國北方是擁有最廣泛信眾的道教派別。它有三大祖庭，分別為陝西戶縣的重陽宮、北京的白雲觀和山西芮城縣的永樂宮。

全真道有眾多派別，其祖師王重陽座下弟子丘處機（就是那個在金庸武俠小說中看上去武功並不算很厲害的道士，實際上他在真實歷史中很了不起，西行萬里去勸說成吉思汗少殺人，被成吉思汗尊為「神仙」）所創的龍門派繁衍又最為興盛，如同佛教禪宗的臨濟派一樣，因此還有「臨濟、龍門半天下」的俗語。永樂宮和白雲觀都是丘處機弟子所建。

芮城是唐末著名道士呂洞賓的故鄉，呂洞賓被全真教尊奉為北五祖之一，因而全真道士在此改建了原有的呂公祠為大純陽萬壽宮。純陽，是呂洞賓的道號。因故址在永樂鎮，所以俗稱永樂宮。永樂宮的由丘處機弟子宋德芳和潘德沖主持修建（宋德芳在金庸小說裡打過醬油，太原龍山的石窟也是他修的），但工程浩大，一直持續了百多年，從一二四七年一直修到一三五八年，那時，離元朝滅亡只有十年

了。

　　永樂宮在建成六百多年後，又迎來一次巨變。因修建三門峽水庫，永樂宮原址整體將被水淹沒。在山西省古建築學家柴澤俊先生的主持下，永樂宮整體搬遷了二十千米，是中國乃至世界文物保護史上的壯舉和奇跡。

　　永樂宮以壁畫藝術聞名國內外，九百六十平方米的壁畫足以與敦煌媲美，是世界藝術史上罕見的巨制。尤其是三清殿內的《朝元圖》，四百平方米的面積上共二百多人物，線條流暢，氣韻生動，場面宏大，集中了唐宋壁畫繪製技法的精華。

長治都城隍廟

天下第一城隍廟

在中國，正統的神祇系統在某種程度上和官僚系統是對應的。從最高的天帝到最低的土地，完全可以和從皇帝到里長對應。而城市的管理者，在官僚系統中叫太守、知府、縣令，在神祇中，則叫城隍。

神州大地數千府縣，則有數千城隍，彼此之間各不統屬，但是長治縣的城隍廟一直被稱為「天下第一城隍」「天下都城隍」。

這座城隍廟位於該縣西火鎮大掌村，始建年代已不可考證。在全國所有城隍廟中，還有一個出奇之處，那就是它不像其他城隍廟建於城中，而是建在野外山上。因此有學者推斷，也許此地是古城遺跡。

而為何被稱為「天下第一城隍廟」，這與一段傳說有關。相傳西漢末年，東漢的開國皇帝光武帝劉秀被篡漢的王莽派兵追殺，逃到此廟，破開蜘蛛網躲藏。奇怪的是，等他躲進之後，蜘蛛很快又把網織好，追兵見蜘蛛網完好，不疑有人，就轉往他處。劉秀幸運脫險，登基後，感念這番掩護之功，就把這座廟封為天下第一城隍廟。因此，有副對聯如此形容它：非此廟何來漢家光武帝，唯斯神敢稱天下都城隍。

這座「天下第一城隍廟」，歷朝歷代都有損毀，並不斷修葺。今天所能見到的，是座四合院，分上下兩院，廟內珍藏有巨幅漆彩壁畫《山海經傳奇》和漆藝佳作《道德經頌》，雖然是今人作品，但藝術水準極高，《山海經傳奇》還是世界最大漆藝彩金壁畫。

平遙雙林寺

宗教世界的世俗情懷

　　沒有任何一種宗教提倡偶像崇拜，但是，人類文明的藝術珍品，雕刻、雕像、繪畫等，卻往往通過宗教的偶像崇拜得以保存、流傳。在民間，認為為佛、菩薩等塑造「金身」，是一種大功德，所以在中國大地上，從敦煌、雲岡的石窟、壁畫到普通寺廟中的塑像，藝術水準之高，藝術種類之全，都令人歎為觀止。

　　平遙在北魏時，名為中都，縣城西南創建於北魏的一座寺廟，就名中都寺。所謂雙林，是指佛祖圓寂之地，四周都植有兩株大樹。取名如此，是為銘念佛祖住世說法的功績。它在佛教史上，並不算是個特別重要的寺院，但卻因為彩塑藝術，被稱為「彩塑藝術寶庫」。

　　雙林寺保存有宋、元、明、清各個朝代的大小彩塑二千餘尊，保存完好的也有一千五百多尊，大的高達數米，小的只有幾十釐米，人物類型分菩薩、羅漢、金剛、天王、仙女、童子等等，各個風格特異，造型精美，表情生動，放諸世界，亦不可多得。其中，千佛殿、菩薩殿內的懸塑為明代作品，羅漢殿、釋迦殿內的塑像為宋元作品。尤其羅漢殿內十八尊羅漢像，沒有追求宗教性質作品天然的肅穆莊嚴

風格，而顯現出人生的情緒來，有著凡人的七情六欲。釋迦殿背後的觀音侍女塑像，線條優美，體態輕盈，神態嫻靜，仿佛真人再現，生活氣息也十分濃郁。

應縣木塔

世界最高木結構塔

　　世界上有三大名塔，分別為義大利的比薩斜塔、法國的艾菲爾鐵塔和中國山西的應縣木塔。應縣木塔是世界上最高的木結構樓閣式塔，高近七十米，大概有十四五層樓那麼高，這讓木塔同時具有登高瞭敵的作用。木塔名至實歸，沒有一根鐵釘，完全用靠榫卯結合，用了紅松木三千立方米，共二千六百餘噸，可以想見，在一千多年前，是多麼浩大的工程，所以才會從遼代一直修到金代。

　　和其他久負盛名的塔一樣，木塔也是民間的俗稱，正式的名字是佛宮寺釋迦塔。這座寺院，遼代皇室將其作為家廟，因木塔內藏有兩顆佛祖牙舍利，所以稱為佛宮寺。木塔藏有佛牙舍利，原來只是傳說，但在二十世紀七〇年代，兩顆佛牙舍利相繼發現於塔內佛像，傳說才得以證實。而據史籍印證歷史記載，這兩顆佛牙，都是僧人從西域求回，輾轉落入後唐明宗李嗣源手中，被他立廟於家鄉應縣供養。遼代修木塔時，才放入塔中佛像內珍藏。

　　和佛牙舍利一起，還發現了大量遼代佛教經卷，有手寫，也有木板印刷的，尤其是遼刻彩印，填補了中國印刷史上的空白。

應縣木塔　梁銘／攝影

事實上，木塔的珍奇之處還有很多，比如塔身上懸掛的一塊明成祖題寫的「峻極神功」和一塊明武宗題寫的「天下奇觀」匾額，都是無價之寶。再比如，木塔共使用了五十四種斗拱形式，被稱為「中國古建築斗拱博物館」。國家文物局對木塔有個最準確的評價，「現存世界木結構建設史上最典型的實例，中國建築發展上最有價值的座標，抗震避雷等科學領域研究的知識寶庫，考證一個時代經濟文化發展的一部史典」，最是不刊之論。

五臺山大白塔

佛教四大名山之首是五臺山，進入五臺山核心地區，一座大白塔就躍入眼簾，那就是五臺山的標誌，塔院寺大白塔。大白塔，據說也是一座佛祖真身舍利塔，最早建於東漢明帝時期，和佛教傳入中原地區的時間大致相當，原先收藏舍利的慈壽塔就在大白塔內部。

塔院寺原來是顯通寺的塔院，明代重修塔後，擴建成寺，因白塔太過出名，人們就都叫它塔院寺了。北魏時，顯通寺名為大浮圖寺。浮圖，就是塔的天竺文音譯，這也可以視作白塔修建年代的一個佐證。不過，如今的白塔，是元代所建，尼泊爾匠師阿尼哥的作品。

阿尼哥這位匠師很有必要提一下。當年元世祖忽必烈想給帝師八思巴在吐蕃建塔，聽說尼泊爾人非常擅長此類營造，就去那兒徵召了八十人，阿尼哥正在其列，十七歲的他還自薦為領隊。在吐蕃的工程結束後，阿尼哥深得八思巴喜歡，被收為弟子，進入朝中。從那以後，大元朝重要的建塔、造像等工程都要委託給他。阿尼哥後來擔任色目工匠總管府的大總管，統領十八個司局，一路升官晉爵，到死後還被加封為開府儀同三司、太師、涼國公。作為一個外國人，一個外

國匠人，居然能攀到如此頂峰，大元這個草原民族建立的帝國自有一分雄渾包容的氣度。

再說回到大白塔，它其實也不叫大白塔，叫釋迦文佛真身舍利塔，也就是因為人們直觀的印象太過深刻，所以俗稱反而成了正名了。

因為是尼泊爾人的作品，所以大白塔有著濃厚的異域風情，這座源自印度的覆缽式塔，高五十餘米，是全國最高的覆缽式塔。

太原雙塔

佛塔、風水塔並峙奇觀

塔，因其高高矗立的挺拔身姿，遠近都能看見，所以常被視作地標，著名的塔甚至能成為城市的標誌。北京有白塔，西安有雁塔，開封有鐵塔，而太原有雙塔。一九八五年，太原在全國率先發布市徽，上面最醒目的元素就是雙塔。

雙塔所在的寺廟是建於十六世紀末十七世紀初的永祚寺，那本是一座由萬曆皇帝母親李太后出資、十一代晉王主導，李太后師父、高僧福登主持修建，祈求國運綿延的皇家寺院（永祚，永遠流傳），因為雙塔太過出名，人們一般都稱為雙塔寺。

雙塔並非同時修建，性質也不一樣。西面的是佛塔，和永祚寺一道被修，名為宣文塔。「宣文」，取自李太后的尊號「慈聖宣文皇太后」。

東面的是座風水塔。傳統的風水學說認為東南主文運，而太原地形西北高東南低，所以文風不振。太原一些士紳就倡議修建一座塔來厭勝，名為文峰塔，主持者為曾任過山東布政司左參議傅霖。

雙塔修建年代基本同時，高低也類似，但對應建塔初衷，結果卻大相徑庭。那座志在祈福綿壽、延長國祚的宣文塔，它建成還沒十年，宣文皇太后就去世了，還不到三十年，大明帝國轟然倒塌；而文峰塔建成十年後，傅霖有了一位孫子，他就是「清初三大師」之一、著名的思想家、文學家、醫學家、書法家、畫家、詩人傅山，在整個中國文化史上也堪稱巨匠。果然是一振并州文風。

太原雙塔　梁銘／攝影

榆社舍利塔

山西最早舍利塔

塔是漢字，但隋唐之前並無此字，它實際上是梵文「窣堵波」「浮屠」，以及巴利文「塔婆」的音譯，意譯是「方墳」「圓塚」，是佛教中埋葬釋迦牟尼舍利的建築。隋唐時，翻譯經文的高僧才據此創作出「塔」字，形聲皆備，可算是中外文化融合的一個例證。

傳說釋迦牟尼圓寂火化後，留下頭蓋骨、腿骨、指骨殘片以及舍利等「八斛四斗」，為八位國王所分，並建塔供養。佛圓寂百年後，統一印度的阿育王篤信佛教，起八座塔，重新分舍利為八萬四千份，並在天下建八萬四千座塔供養（八萬四千，當是佛教中俗語，極言其多），稱阿育王塔，就是舍利塔的由來。據唐代佛教百科全書式的著作《法林珠苑》中記載，中土有十九座，其中山西地區有五座，分別是姚秦時修建的河東蒲坂塔（即鶯鶯塔）、北齊時修建的代州城東古塔、北周時修建的霍山南塔（即飛虹塔），以及隋朝時修建的并州淨明寺塔、榆社縣塔。

榆社縣塔正式的名字是榆社大同寺舍利塔，《法林珠苑》說是隋代之物，但經過現代考古證實，建築年代要遠早於隋代。最早的一種

說法是東漢永平十年（67），意味著比中土釋教之源白馬寺還要早一年；最可靠的一種說法是石趙年間。後趙武帝石勒自謂「我是胡人，當信胡神」，所以虔信佛教，在統治區內大修佛寺，塔極有可能建於此時，而在大同寺舊址上發掘出刻有「大齊天保十年」的佛像題記，也是這種說法的佐證。

可惜的是，這座塔在民國時期就已不存，依照記載來看，它應是一座密檐式塔。

并州淨明寺塔在今太原市晉源區古城營村晉源二中校園內；代州城東古塔在代州圓果寺內，俗稱白塔。兩座塔也非當時舊物，是後世重修。

廣勝寺飛虹塔

山西琉璃最精品

　　山西五座舍利塔，史料上記載，其中一座為「晉州霍山南塔」，建於北周時期，但學者猜測，始建年代更早，大約在東漢時，霍山上就有寺院和塔。但即使是「霍山南塔」，以及唐代又重修的俱盧舍利塔，也早就消失在歷史的風煙中。現今能看到的，是在它們基礎上明代所建的飛虹塔。

　　飛虹，是建塔高僧達連大師的號。當他看到俱盧舍利塔毀敗不堪，就發願建塔，四處募化，歷時十二年，終於在明嘉靖六年（1527）建成。

　　天氣好的時候，遠遠望去，飛虹塔放射著五彩神光，那是因為塔身十三層，遍覆琉璃，所以才螢光燦爛。琉璃，是佛教所說的七寶「金、銀、琉璃、水晶、硨磲、珊瑚、琥珀」之一（七寶是哪七種，說法不一，這是《無量壽經》中的記載），七寶象徵著七種智慧，以之供養佛、菩薩，是極大的功德。所以，這座琉璃塔，代表著信徒的虔誠之心。而即使是略過宗教的教義，飛虹塔更是古代工匠高超技藝的證明。有種說法認為，世界琉璃精品在中國，中國琉璃精品在明

朝，明朝的琉璃精品在山西，而飛虹塔更是山西琉璃精品之最。

飛虹塔建成後，也是收藏《趙城金藏》的地方。《趙城金藏》刻於金代，價值連城。抗戰時期，日寇攻佔了洪洞之後，《趙城金藏》成為他們極力想獲取侵吞的目標。當時廣勝寺的主持力空大師向八路軍求援，一二九師三八六旅旅長陳賡立刻派了一個營，將封存於飛虹塔中的《趙城金藏》起出轉移，運往抗日根據地。日寇賊心不死，隨後掃蕩中不斷尋找，最終也沒能得逞。如今，《趙城金藏》被藏於北京市圖書館，是該館的鎮館之寶。

普救寺鶯鶯塔

到底還是愛情力量大

中國有古塔三千餘座，其中山西有五百八十五座（經文物局認定的數字，學者田野考察的結果為千餘座），在這麼多的古塔中，唯有一座塔是用女人的名字命名的——永濟市普救寺的鶯鶯塔。

鶯鶯塔是俗稱，它正式的名字是普救寺舍利塔，而在中國佛教發展的歷史上，有個更值得關注的名字：河東蒲坂塔——全國十九座佛祖真身舍利塔之一。

但不論是舍利塔或是蒲坂塔，都沒有鶯鶯塔更深入人心。自從元代雜劇家王實甫寫的《西廂記》流行開後，張生、崔鶯鶯成為衝破桎梏大膽追求愛情的典範，連帶的普救寺成為青年男女的愛情勝地，舍利塔這個佛教的建築，也有了個旖旎婉轉的名字，可見愛情力量之大。

現在所見的鶯鶯塔是明代的遺存，和西廂故事發生的唐朝相距有六七百年，但古建築學家說鶯鶯塔很有唐代風格，應該是毀後重建的，而唐代也並非鶯鶯塔始建的年代，它被稱為蒲坂塔，是在南北朝的姚秦時代。

鶯鶯塔和緬甸撣邦的搖頭塔、匈牙利索爾諾克的音樂塔、摩洛哥馬拉克斯的香塔、法國巴黎的鐘塔、義大利的比薩斜塔，還並稱為世界六大奇塔，是因為它有「普救蟾聲」的建築奇觀。遊人在塔側以石叩擊，塔上會發出清脆悅耳的「咯哇」「咯哇」的蛤蟆叫聲，令人稱奇。於是，普救寺鶯鶯塔和北京天壇的回音壁、河南寶輪寺塔、四川潼南縣大佛寺內的「石琴」，也並稱為中國現存的四大回音建築。

普救寺鶯鶯塔　梁銘／攝影

大院民居

靈石王家大院

家是一個院，院是半座城

明清時，晉商崛起，號稱「海內最富」。晉商有著匯通天下的氣魄，但也沒有放棄自己的故土，他們在家鄉營造華美的宅邸，顯示著自己無邊的財富，並為今天的我們留下豐厚的文化遺產。

晉商修建的這些宅邸，俗稱大院，而其中最大者，可以說是靈石縣靜升鎮的王家大院。當年最鼎盛的時候，占地二十五萬平方米，比故宮還要大十萬平方米。清華大學教授王魯湘感慨地說：「王是一個姓，姓是半個國。家是一個院，院是一座城。」更有人說：「黃山歸來不看嶽，王家歸來不看院」，或者更直接，「華夏民居第一宅」。

靈石靜升王家源出太原王氏，元朝時從該縣其他村遷到此處，逐漸繁衍，成為人丁興旺的大族。王家在明末靠往被戰火摧毀的中原地區販賣牲畜發跡，生意越做越大，商貿足跡所至，遍布晉、蒙、豫、冀各省。清朝初年，吳三桂叛亂，王家主動捐獻軍馬，由此得到清政府嘉獎和運送軍糧的肥差，並推動家族走向鼎盛。在與官府做生意的過程中，王家體會到了背靠大樹的好處，有意識地走出一條亦商亦宦的家族發展之路。到嘉慶年間的一百五十多年裡，或科考，或捐納，

或蔭襲，王家高官顯爵者四十多人。

　　也就是在這一百五十多年裡，王家大院陸續修築，靜升村據說有「九溝八堡十八巷」，而王家大院就佔據了「五溝五巷五座堡」，其五座堡，用中國傳統上龍、鳳、虎、龜、麟五種瑞獸借形取義，修建成五座各自獨立的龐大建築群。今日向遊人開放的紅門堡（中國民居博物館）和高家崖堡（中華王氏博物館），只是當年的龍堡和鳳堡，面積不及整體的五分之一，然而，已經被稱為奇跡了。

　　王家大院一個特點是三雕——磚雕、木雕、石雕——特別精美，大到屋簷斗拱，小到神龕門窗，獨具匠心，造型逼真，具有很高的歷史和藝術價值。

祁縣喬家大院

喬家大院有名，影視劇功勞大

晉商大院裡，喬家大院面積比王家大院要小很多，但名氣卻有過之而無不及，開放二十多年來，接待遊客超過千萬人次。

喬家大院的名氣來自於影視劇，迄今已經有三十多個劇組去喬家大院拍過戲。一九九一年，張藝謀的《大紅燈籠高高掛》開了先河，二〇〇六年電視劇《喬家大院》的播出更進一步讓喬家大院蜚聲海內外，自那以後，人們就形容：「一火車一火車的人去喬家」。

喬家大院位於祁縣喬家堡村，占地一萬多平方米，建築面積八千多平方米，六個大院內套二十個小院，共三百餘間房屋呈「囍」字分布，高達十餘米的青磚高牆將院內外分割成兩個世界，防禦性極佳，建成兩百多年從未遭過盜搶。大院內，舉凡北方民居會採用的庭院結構、屋頂造型、院門設計乃至窗戶，都能發現實例，連一百四十多個煙囪都各不相同，足可見大院主人的用心之深之細。因此，二十世紀三〇年代梁思成、林徽因夫婦來山西考察時，稱喬家大院是「清代民居建築藝術的一顆明珠」。

喬家大院始建於乾隆年間，擴建於同治年間，主持工程的人就是拜電視劇《喬家大院》所賜而大名鼎鼎的喬致庸。喬致庸是祁縣喬家第三代，在他執掌家務時期，喬氏家族達到頂峰，其下屬復字號稱雄包頭，於是就有了「先有復盛公，後有包頭城」的俗諺。另有大德通、大德恆兩大票號遍布中國各地商埠、碼頭。喬致庸本人也被稱為「亮財主」。「財主」這稱呼好像很土，但喬致庸一點也不土，反而很

祁縣喬家大院　　武濤／攝影

有遠見卓識，他創立大德恆、大德通票號之初，就能把視野放到全國海外、放到二三十年後，因而喬家的家風也甚開明，他最喜愛的孫子喬映霞在祁縣率先剪了辮子，又率先穿上了中山裝，另一個孫子喬映奎在擴建新院時，居然將火車這種新鮮事物繪製在立欄上，還有一個孫子喬映璜從天津購回了祁縣第一輛汽車。

榆次常家莊園

晉商之中文氣最盛

　　榆次車輞常家，是活躍在清朝初年到民國初年的一個晉商大家族。車輞常家第八代後裔常威一條捎布闖口外，從一個小布攤起家，讓常家逐漸發展成一個有綢緞莊、茶莊、布店、百貨店、當鋪、錢莊、票號多種經營為一體的商貿集團，商號遍布海內，俄國、日本、朝鮮等國亦有分店。而且，在其兩百多年的發展歷程中，更注重對族中子弟的文化培養，商儒兼用，科甲中第及學有所成者所在多有。民國以前，僅有秀才、舉人、進士等功名的，就有一百七十多人。民國以後，著名的文化人還有常贊春、常旭春和常風等，使常家不僅是一個商業世家，也是一個文化世家，在山西晉商家族中獨樹一幟。

　　常家在第九代常萬㐅、常萬達兄弟時，達到鼎盛。常萬㐅在村內由南向北，建成一條街，為西街，常萬達後在村北新建了一條街，稱後街。這兩條街有房屋四千餘間，樓房五十多幢，以及七處園林——這也是稱「莊園」而不稱「大院」的原因——共占地六十萬平方米，氣魄恢宏，構造精美，蔚為壯觀，人們把它與喬家大院相比，說「喬家一個院，常家兩條街」。而儒商並重的門風，在莊園內更是處處可見。

常家莊園不同於其他晉商大院的一點是，它收藏著大量書法作品，作者包括歷代書法名家以及常氏族人精擅書法者，僅法帖就有八種：敦艮吉門宋代二亭雙絕帖、杏林清代名人名聯帖、雍和堂惲壽平畫跋帖、石芸軒法帖、聽雨樓法帖、常氏遺墨帖、四十四帝后帖、可園唐詩筆意帖。尤其宋代二亭雙絕帖（歐陽修〈醉翁亭記〉、蘇軾〈豐樂亭記〉）更被刻在莊園敦艮門的南、北兩側堡壁上，這已經不是附庸風雅了，而是向外界宣示著本家族的文化自信和文化品位。

太谷曹家三多堂

慈禧欠債沒錢還，拿寶貝抵債

　　太谷曹家，從明末清初曹三喜走關東開始發跡，從經營豆腐到商號，漸漸成為關外大商。隨著清兵入關，曹家也開始向關內發展，商號遍布全國。曹三喜有七子，各自建堂，其中四子曹克讓堂名「三多堂」，在各支中發展最好。

　　今日太谷三多堂，就是曹克讓為自己修建的一座壽字形宅邸（原本曹家還有福祿等形的大院，但毀於兵荒馬亂），占地近七千平方米，十五個小院，二百七十多間房屋。

　　三多堂在眾大院裡，以好東西多著名，所以才又稱「晉商珍寶博物館」。具體數量有多少誰也不知道，但日寇當年侵入太谷，搶了曹家，二十輛大車拉了兩個多月，才洋洋得意地走了，初步估算，損失在三百萬兩白銀以上。

　　三多堂內珍寶，以十二件最為珍貴——周代英雄壺、漢代璽盤、三代鼎、朗窯瓶、乾隆皇帝用過的九個如意、和尚鐘、金火車頭鐘、九扇景泰藍屏風、金輪船鐘、玉白菜。另外明朝大畫家仇英臨摹的《清明上河圖》和越南貢品、純由翡翠鳥羽毛制的鏡子亦堪稱國寶。

所有的國寶裡，最有價值的那座金火車頭鐘。那是由法國送給乾隆皇帝的禮物，黃、白、烏三金合制而成，總重量達八十四點五斤，車頭後部鑲嵌時鐘，車頂裝一自動報時的白金鈴鐺，中部裝有自動預報天氣陰晴變化的晴雨錶。一九○○年八國聯軍攻進北京，慈禧太后倉皇西逃，所帶的東西裡就有這件寶貝。到了太谷，因為沒有了盤纏，就向曹家借了一大筆錢，後來還不起了，何況皇家也有皇家的面子，不想和人說借百姓家錢，就說金火車頭賞給你們曹家了，但欠的錢你們也別提了。

　　日寇去曹家搶東西的時候，三多堂當家人曹師憲正在北京，這座金火車頭隨身帶著，這才倖免於難。

長治申家大院

以官興，因官敗，宿命逃不脫

　　現在稱晉商者，都以晉中一些巨賈為代表，但晉中商人的發跡，多在明末清初，而我們知道，晉商的崛起，是在明朝實行開中法以後，而那時，晉商以臨汾、上黨人稱雄，明朝沈思孝說：「平陽、澤、潞豪商大賈天下，非數十萬不稱富」。潞州申家，便是其中翹楚。

　　申家歷來為上黨望族，明朝有申氏族人從鹽鐵業起家，又進入絲綢業和茶業，在明朝中期達到鼎盛。申家大院基本建於同時。

　　申家大院位於長治郊區西白兔鄉中村，是在文物普查中發現的，當地俗稱棋盤二十四院，經過考察，才發現這些院當年只屬於一個家族。這些古建築群以中村的申家二十四院為主體，建築有明代的窯洞式民居，也有明清時的屋樓豪宅，其建築裝飾雕刻精美、風格獨特，具有濃郁的地域特色。

　　入清以後，申家漸漸沒落，沒落的原因和興盛的原因一體兩面。興盛是因為申家曾出現過多位中高級官僚，亦官亦商，靠著和政府的良好關係和廣泛人脈，做生意無往而不利。但入清以後，江山換了主

人，新的皇帝不可能再選擇與前朝有千絲萬縷聯繫的申家，加之上黨地利也不如晉中四通八達，於是漸無聲息。

其實，晉商何嘗不是如此呢？所謂誠信，所謂堅韌，所謂氣魄，所謂遠見，固然是晉商成功的原因，但能不能和官府拉上關係，卻是晉商成功的前提。到最後作為一個群體的晉商的落寞，亦是因為江山變色，清王朝自顧不暇，何況晉商呢，全國商界頭把交椅也讓給了和新政府關係更好，且有外國財團背景的江浙商人。以官興，因官敗，冥冥中自有天意。

長治申家大院　梁銘／攝影

沁水柳氏民居

柳宗元後裔文氣不衰

山西大院，商人修建的最多，因為人家有錢。而官宦家庭，煊赫只是暫時，誰也不敢說文曲星永遠照在他們家，若是後繼無人，或家有敗子，則先人修建的府邸無論如何華美，到頭也是一場空，不知道姓了什麼姓，所以有民謠說：「眼看他起高樓，眼看他樓塌了」。

不過，凡事都有例外，晉城市沁水縣西文興村有一處宅子，從明朝嘉靖年間起就姓柳，數百年來一直沒變過，到今天還是柳氏後裔居住，所以「柳氏民居」真算是實至名歸。

柳氏民居的主人是明朝嘉靖年間陝西同州知州柳遇春。通判並不算是高官，但柳家卻是名門之後——唐宋八大家柳宗元的後裔，從唐末遷到沁水，到柳遇春已歷五百年之久。而柳遇春則是西文興柳氏第六代族人。

柳氏沁水族人雖然曾沉寂了數百年，但源自河東柳氏的文氣並未消失，從柳遇春的祖父開始，科考中就有功名，到柳遇春時，達到一個高峰。柳遇春相交相識的也是當時第一流的文人、官宦，他那一進十三院的府邸，大門楹聯為吏部尚書、陽城人王國光所題寫：「屏障

插文峰百世書香飛驥足，樓臺圍帶水九天水暖出龍頭」，至今保存完好，講述著柳家的詩書氣質。

　　柳氏民居裡，除過頗具晉東南建築藝術的房屋外，最有價值的藏品是名人書畫碑，朱熹、王陽明、文徵明的書畫碑在南方也見不著，卻就藏在這座深山中的宅院裡，還有吳道子的《聖賢十哲碑》，頗能看到「吳帶當風」的神韻，幾乎堪稱國寶。

　　入清後，西文興柳氏又沉寂下來，現在村裡居住的大多也是普通鄉民，但誰又能知道，某一天，柳氏族人裡，不會又湧現一位文化巨匠呢？

磧口西灣民居

首批國家歷史文化名村，山西只有它

　　二〇〇三年評選第一批中國歷史文化名村，條件是「建築遺產、文物古跡和傳統文化比較集中，能較完整地反映某一歷史時期的傳統風貌、地方特色和民族風情，具有較高的歷史、文化、藝術和科學價值……」山西唯一入選的是臨縣磧口西灣村。

　　西灣村姓陳，始祖陳三錫發跡於乾隆年間，當時黃河改道，磧口上游的碼頭被淹，移到此處，陳三錫得地利，也以貨運起家，漸成巨賈豪族，遂大興土木，修建華宅，也稱為陳家堡。

　　西灣民居與所有晉商大院都不同的是，它依山而建，自上而下，長二百五十米，寬一百五十米，形成一個規劃嚴密科學的堡寨式建築群，三十餘處院落各自獨立，但又有小門相通，既利於防盜，也不影響堡中人互相走動。另外，西灣民居整體是窯洞為主，與其他大院也不相同。作為正房的大部分磚窯窯前有整齊寬大的簷子向前伸展，且與廂房簷頭連為一體，若有雨雪，院中人走在簷下也是無礙，是非常典型的晉西北民居樣式。

　　由山下往山上看去，整個西灣民居層次分明，與山梁渾然一體，

也自有一種氣勢，同時，各種屋頂樣式——硬山、卷棚、懸山等——形成的線條，將空間巧妙分割，絕不單調乏味，給人歡樂、明快的感覺，都說「建築是凝固的音樂」，那麼西灣民居就是一首小夜曲。畫家吳冠中說：「這樣的村莊、這樣的房子，走遍世界再難找到。」

通過陳氏祖塋的墓碑可以知道，陳氏後人曾經有人在工部任過中級官員，西灣民居在建築上能有這樣的成就，恐怕與此不無關係——這是人家的專業啊。

與西灣相隔二點五千米之遙，還有小村叫李家山，入選了全國第四批歷史文化名村，是磧口富商家族李氏在清中葉後營造，建築形式和西灣類似，也是依山就勢，高下疊置，只不過院落與院落之間獨立性更強。

運城李家大院

一輩做好事並不難，難的是輩輩做好事

　　晉商大院，大略屬於傳統北方民居的範疇，偶然能見到南方民居輕巧、秀麗的屋簷、斗拱裝飾，都令人驚歎，更何況域外風情呢？然而，運城萬榮縣閻景村的李家大院，卻能見到西方哥德式建築，不能不說是一個異數。

　　閻景李家在遷到該村後，世代務農為生。清朝道光年間，李文炳才開始經商，從游商小販開始做起，後來又向西北地方販賣土布、糧食、棉花，同時運回皮貨、藥材，再後來設立商鋪，生意鋪向整個商貿通道。隨著生意的壯大，也像其他晉商一樣，轉向金融匯兌以及興辦其他事業，在十九世紀中葉家族達到鼎盛，並維持了七十多年。

　　李家大院的興建與李家生意的壯大發展基本同時，最後完成於李文炳的孫輩李子用時期。大院裡哥德式風格建築的存在，也是因為李子用娶了一位英國女子為妻。

　　李家興盛百多年，原因很多，但心中始終存一份善念，恐怕是生意能夠長久的根本。中國古話也說，「積善之家，必有餘慶」。李家大院有一面牆壁，用各種字體書寫了三百六十五個「善」字，名為百

善壁，就是對族人的一種告誡和自省，要日日行善。他們是這麼說的，也是這麼做的。雖是晉南首富，但心裡常掛念桑梓父老。

如清光緒三年（1877），萬榮大旱，連種子都被吃光，一斗糧食要賣到四兩銀子，幾乎到了人相食的地步。李家放賑救災，活人無數；如民國十七年（1928），萬榮又大旱，李家為災民捐款六千銀圓，並在三個村設立粥棚，時間長達一年；

如民國十九年（1930），瘟疫橫行，李家購回防疫藥品，見戶發放……

運城李家大院　楊瑾／攝影

這樣的善行不勝枚舉，不論政治風雲如何變幻，城頭插的是哪家大王的旗幟，李家總是能得到上到官府，下到百姓的尊敬和愛戴。清政府封贈官職，題匾「急公好義」、「樂善好義」，民國山西省政府主席閻錫山贈匾「博施濟眾」，而百姓們也送過「為善有方，世人標的」、「德風霖善」。這些匾額如今就掛在李家大院，解釋了一個家族能夠長久興盛的奧秘。

後記

　　《山西文化之旅》是一套以故事敘記山西歷史文化的普及性讀物。

　　斯著之成，始於山西省副省長王一新之構倡，策劃創作期間，屢示洞見。山西省旅遊局負責本書的具體實施和推廣。山西省政府盛佃清先生，山西省人大常委會韓和平先生，山西省旅遊局馮建平先生、王炳武先生，山西省新聞出版廣電局齊峰先生親力協調統籌、總理編務，襄助良多。山西省政府辦公廳郭建民、樊張明、李仁貴、梅強、薛冬，山西省旅遊局陳少卿以及山西省委外宣辦鄧志蓉、王寶貴亦不辭辛苦，為叢書撰寫做了大量工作。山西大學歷史文化學院郝平、向晉衛、郭九靈、范兆飛、崔彥華、喬松林等專家學者參與本冊文稿的初撰工作，郝平、郭九靈對全部文稿進行了審核，多有裨益。一併鳴謝！

昌明文庫・悅讀文化 A0605018

山西文化之旅——歷史地理篇

主　　編　晉　旅

版權策畫　李煥芹

發 行 人　林慶彰

總 經 理　梁錦興

總 編 輯　張晏瑞

編 輯 所　萬卷樓圖書股份有限公司

排　　版　菩薩蠻數位文化有限公司

印　　刷　百通科技股份有限公司

封面設計　菩薩蠻數位文化有限公司

出　　版　昌明文化有限公司

桃園市龜山區中原街 32 號

電話 (02)23216565

發　　行　萬卷樓圖書股份有限公司

臺北市羅斯福路二段 41 號 6 樓之 3

電話 (02)23216565

傳真 (02)23218698

電郵 SERVICE@WANJUAN.COM.TW

大陸經銷　廈門外圖臺灣書店有限公司

　　電郵 JKB188@188.COM

ISBN 978-986-496-538-0

2020 年 2 月初版

定價：新臺幣 300 元

如何購買本書：

1. 轉帳購書，請透過以下帳戶

　合作金庫銀行　古亭分行

　　戶名：萬卷樓圖書股份有限公司

　　帳號：0877717092596

2. 網路購書，請透過萬卷樓網站

　　網址 WWW.WANJUAN.COM.TW

大量購書，請直接聯繫我們，將有專人為您

服務。客服：(02)23216565　分機 610

如有缺頁、破損或裝訂錯誤，請寄回更換

版權所有·翻印必究

Copyright©2020 by WanJuanLou Books CO., Ltd.

All Right Reserved　　　　Printed in Taiwan

國家圖書館出版品預行編目資料

山西文化之旅. 歷史地理篇 / 晉旅主編.-- 初
版.-- 桃園市：昌明文化出版；臺北市：萬
卷樓發行, 2020.02
　面；　公分.-- (昌明文庫；A0605018)
ISBN 978-986-496-538-0(平裝)

1.文化史 2.山西省

671.43　　　　　　　　　　109002011

本著作物經廈門墨客知識產權代理有限公司代理，由山西人民出版社有限公司授權萬卷樓圖
書股份有限公司（臺灣）出版、發行中文繁體字版版權。